MARCO POLO

WARSCHAU

MARCO POLO AUTOR

Mirko Kaupat

Manchmal ist es schon zum Verrücktwerden für den freien Journalisten, der seit 2002 in Warschau lebt. Diese Stadt entwickelt sich so dynamisch, dass ständig ein lieb gewonnenes Café oder eine gemütliche Kneipe auch schon wieder – schwupps – geschlossen hat. Aber das Gute daran: Jedes Mal entstehen eine ganze Handvoll neuer toller Lokale. Stillstand ist Rückschritt – Warschau hält auf Trab!

GRATIS

DIE TOUREN-APP

zu den Erlebnistouren zeigt, wo's langgeht: inklusive Tourenverlauf und Offline-Karte

EVENTS & NEWS

Schnell die wichtigsten Infos auf dem Smartphone: Events, News, neue Insider-Tipps und ggf. aktualisierte Erlebnistouren als PDF zum Downloaden

SYMBOLE

- INSIDER TIPP Insider-Tipp
- ★ Highlight
- ●●●● Best of ...
- Schöne Aussicht
- Grün & fair: für ökologische oder faire Aspekte
- (*) kostenpflichtige Telefonnummer

PREISKATEGORIEN HOTELS

€€€ über 110 Euro
€€ 70–110 Euro
€ bis 70 Euro

Die Preise gelten für zwei Personen im Doppelzimmer mit Frühstück

PREISKATEGORIEN RESTAURANTS

€€€ über 15 Euro
€€ 10–15 Euro
€ bis 10 Euro

Die Preise gelten für ein Hauptgericht ohne Getränke

 Titelthemen: Attraktion Weichselboulevards S. 97 | Einkaufstrend Straßenmärkte S. 18

GUT ZU WISSEN

Einfach mal auszeiten → S. 38
Sport-Schau → S. 44
Lesehunger & Augenfutter → S. 57
Lieblings(adr)essen → S. 62
Spezialitäten → S. 66
Fit in the City → S. 81
Nur nicht (ver)schlafen → S. 86
Feiertage → S. 105
Währungsrechner → S. 109
Was kostet wie viel? → S. 111
Wetter → S. 112

KARTEN IM BAND

(120 A1) Seitenzahlen und Koordinaten verweisen auf den Cityatlas und die Übersichtskarte Warschau mit Umland auf S. 128/129
(0) Ort/Adresse liegt außerhalb des Kartenausschnitts
Es sind auch die Objekte mit Koordinaten versehen, die nicht im Cityatlas stehen

(A–B 2–3) verweist auf die herausnehmbare Faltkarte

UMSCHLAG VORN:
Die wichtigsten Highlights

UMSCHLAG HINTEN:
Liniennetzplan der öffentlichen Verkehrsmittel

Die besten MARCO POLO Insider-Tipps

Von allen Insider-Tipps finden Sie hier die 15 besten

INSIDER TIPP Museum für Experimentierfreudige
Im *Kopernikus-Wissenschaftszentrum* entdecken Kinder und Erwachsene, was die Welt im Innersten zusammenhält → S. 102

INSIDER TIPP Genussvoll radeln
Schön an die frische Luft kommen Sie auf den *Radwegen beidseits der Weichsel*. Auf den noch relativ neuen Strecken erwartet Sie pures Strampelvergnügen → S. 110

INSIDER TIPP Schlemmen auf dem Bahnsteig
Der letzte Zug ist abgefahren, aber dem alten Bahnhof wurde mit dem sommerlichen (Kulinarik-)Event *Warsaw Night Market* neues Leben eingehaucht. Cooles Ambiente bei Essen, Trinken und Musik → S. 104

INSIDER TIPP Kneipengässchen
Auf der *Ulica Oleandrów* gibt's keinen Autoverkehr, aber ein paar charmante Kneipen und Lokale für einen gemütlichen Abend → S. 77

INSIDER TIPP Ganz schön alt
Eldorado für Schnäppchenfreunde und Nostalgiker: Jedes Wochenende türmen sich in der *Giełda Staroci na Kole* Antikwaren, so weit das Auge reicht → S. 73

INSIDER TIPP Amtlich entspannt
Im *Ministerstwo Kawy*, dem „Kaffee-Ministerium", herrscht alles andere als Behördenatmosphäre: gemütliches, freundliches Café in einer spannenden Ecke der Stadt → S. 61

INSIDER TIPP Bummeln mit Klasse
Die individuelle Antwort auf die riesigen klimatisierten Einkaufszentren heißt *Ulica Mokotowska*. Kleine feine Boutiquen für Mode und Interieur säumen die Straße mit den restaurierten Altbauten → S. 70

INSIDER TIPP Faszinierendes Leben
Im *Museum Marie Curie* (Foto re.) erfahren Sie nicht nur etwas über eine Ikone der polnischen Wissenschaftsgeschichte, sondern erhalten vor allem Einblick in ein faszi-

nierendes Leben voller Höhen und Tiefen → S. 36

INSIDER TIPP Kultureller geht's beim besten Willen nicht
Das *Cafe Kulturalna* im Kulturpalast bietet Lesungen, Konzerte, Filme, Performances. Aber es wartet nicht nur geistige Nahrung: Essen und trinken können Sie dort selbstverständlich auch → S. 79

INSIDER TIPP Eine Verwandlung, die man erlebt haben muss
Für hippe Einheimische einfach nicht mehr wegzudenken: die herrlich mit Restaurants und Cafés herausgeputzte einstige Markthalle *Hala Koszyki* → S. 80

INSIDER TIPP Damals und heute
Im *Pewex* geht's atmosphärisch auf Zeitreise, und zwar gleich in zweifacher Hinsicht: zurück in die 1970er und in den kommunistischen Style der Ära. Die Musik allerdings ist ordentlich elektronisch, ganz aktuell und im Heute → S. 76

INSIDER TIPP Trendy übernachten
Die *Go Apartments* bieten sehr moderne Unterkünfte in den schicken, gerade höchst angesagten Gebäuden des 19. Viertels, wo früher nur Bahngleise verliefen → S. 88

INSIDER TIPP Wasserspiele
Zwischen Neustadt und Weichselufer im multimedialen *Fontänenpark* (Foto li.) tagsüber mit den Kids toben oder abends über Lichtspektakel staunen → S. 102

INSIDER TIPP Familiär wohnen
Hostelzimmer mit Blick auf den Markplatz bietet das gemütliche *Dom Przy Rynku* in den Sommermonaten → S. 89

INSIDER TIPP Ein Park für alle
Sport treiben und gemütlich picknicken sind hier ausdrücklich erlaubt: Im *Paderewski-Park* am östlichen Weichselufer geht es weit ausgelassener und zwangloser zu als in den berühmten Łazienki-Anlagen in der Stadtmitte → S. 56

BEST OF ...

TOLLE ORTE ZUM NULLTARIF

Neues entdecken und den Geldbeutel schonen

SPAREN

Chopin im Park

Zwischen Mai und September verwandelt sich der *Łazienki-Park* sonntags in eine Konzertarena. Pianisten von Weltrang spielen am Chopin-Denkmal (Foto) Stücke des berühmtesten polnischen Künstlers. Setzen Sie sich, lauschen Sie und genießen Sie die Picknickatmosphäre im schönsten Park Warschaus → S. 54

Alles Theater

Das gibt's nicht! Doch, aber nur einmal: Polens einziges *Theatermuseum* im mächtigen Teatr Wielki ist auch noch kostenlos → S. 40, 81

Auf zwei Rädern durch die Stadt

Ganz Warschau ist übersät mit den Fahrradstationen von *Veturilo*. Melden Sie sich schnell bei *www.veturilo.waw.pl* an und radeln Sie die ersten 20 Minuten umsonst. Danach kostet das Leihrad bis zur ersten vollen Stunde aber auch nur 1 Złoty → S. 110

Der Uni aufs Dach steigen

Exotische Pflanzen wachsen im frei zugänglichen *Dachgarten* der modernen Universitätsbibliothek im hippen Stadtviertel Powiśle. Und zu allem Überfluss haben Sie noch einen tollen Blick auf die nahe Weichsel → S. 43

Jede Menge Avantgarde

Die *Galeria Foksal* versteckt sich in der gleichnamigen Nebenstraße der Nowy Świat. Das Haus ist für seine avantgardistischen Ausstellungen, Installations- und Filmprojekte berühmt. Der Eintritt ist trotzdem frei → S. 38

Uferwechsel, aber günstig

Fahren Sie mit dem Bus oder der Straßenbahn ans andere Weichselufer, dann müssen Sie die Fahrkarte bezahlen. Die *Fähren* der Verkehrsbetriebe ZTM aber, die von Mai bis August verkehren, bringen Sie gratis hinüber. Anleger gibt es an der Promenade unterhalb des Königsschlosses und an der Poniatowski-Brücke → S. 42

Diese Punkte zeichnen in den folgenden Kapiteln die Best-of-Hinweise aus

TYPISCH WARSCHAU

Das erleben Sie nur hier

Rundblick vom Zuckerbäckerturm

Am monumentalen *Kulturpalast* im stalinistischen Zuckerbäckerstil scheiden sich die Geister. Aber Sie werden dennoch fasziniert sein – ganz besonders vom grandiosen Rundblick ganz oben (Foto) → S. 45

Bummeln auf dem Boulevard

An Sommerwochenenden wird die *Nowy Świat* zur Fußgängerzone. Bummeln Sie zusammen mit den Warschauern über den Boulevard mit seinen Boutiquen, Cafés und Restaurants → S. 70

Geschichtsstunde voller Dramatik

Trotz der Zerstörung im Zweiten Weltkrieg atmet Warschau fast überall Geschichte. Im *Museum des Warschauer Aufstands* erleben Sie das vielleicht dramatischste Kapitel der Stadthistorie hautnah und eindringlich → S. 51

Die Basarkultur bleibt beliebt

Die alten, traditionellen Märkte verfielen im Schatten der modernen Shoppingzentren. Doch moderne Basare mit Ethno- und Bio-Essen wie der *Targ Śniadaniowy* sind ungemein beliebt → S. 73

Imbisstradition

Magenfüllende Relikte sozialistischer Schlichtheit: In den diversen Milchbars der Stadt, Überbleibsel der Kollektiv-Kantinenkultur aus sozialistischen Zeiten, speisen Sie preiswert und solide – etwa im *Goldenen Huhn (Złota Kurka)* → S. 64

Totengedenken auf dem Friedhof

Im katholischen Polen vergeht kaum ein kirchlicher Feiertag ohne Friedhofsbesuch. Wunderschöne Gräber und die letzten Ruhestätten polnischer Prominenz besitzt der *Powązki-Friedhof*, der an Allerheiligen im Widerschein Zehntausender Grablichter erstrahlt → S. 54, 105

Der Rhythmus der Stadt

Warschau gilt seit Jahrzehnten als sehr gutes Pflaster für die Jazzmusik. Bei den *Warsaw Summer Jazz Days* – jedes Jahr im Juli – erleben Sie bei vielen Konzerten einige der besten Vertreter ihrer Zunft live auf der Bühne → S. 104

TYPISCH

BEST OF ...

SCHÖN, AUCH WENN ES REGNET

Aktivitäten, die Laune machen

Dieser Bus sieht einfach alles

Die *Linie 180* der Warschauer Verkehrsbetriebe kutschiert Sie für den Preis einer normalen Fahrkarte an fast allen großen Sehenswürdigkeiten der Stadt vorbei – bis hin zum schönen Schloss Wilanów → S. 42

Kaufen oder auch nur gucken

Unter dem wellenförmigen Glasdach der *Złote Tarasy* schlendern Sie auf mehreren Etagen schier endlos an Läden, Boutiquen, Kinos, Restaurants, Cafés vorbei – und drehen dem Regen eine lange Nase (Foto) → S. 71

Forschung zum Anfassen

Im *Kopernikus-Wissenschaftszentrum* verbringen Sie spannende Stunden. Besonders Kinder können gar nicht genug bekommen. Und sollte die Sonne zurückkehren, sind Sie direkt am schönen Weichselboulevard → S. 102

REGEN

Herzhaft und deftig speisen

Nichts vertreibt Schlechtwetterstimmung zuverlässiger als ein gutes (Abend-)Essen. Typisch polnische Gerichte werden im *Folk Gospoda* serviert – bei Livemusik in rustikal-ausgelassener Atmosphäre → S. 65

Auf dem Trocknen mitten in Warschau

Flüchten Sie bei Regen in ein schönes, zentrales und lebhaftes Café, etwa ins *Vincent* in bester Lage direkt an Königstrakt und Universität. Dort bleiben Sie trocken, schauen hinaus und lassen den Warschauer Alltag an sich vorüberziehen → S. 62

Auf der Gegengeraden

Im *Nationalstadion* müssen Sie nicht auf den Anpfiff warten. Schließen Sie sich einer der thematischen Führungen an und erkunden Sie den Fußballtempel jenseits des Spielfelds. Wenn Sie dann noch ein Match sehen wollen, kein Problem – die Sitzplätze sind überdacht → S. 50

ENTSPANNT ZURÜCKLEHNEN

Durchatmen, genießen und verwöhnen lassen

ENTSPANNT

Zeitlos-noble Atempause

Bei der Stadterkundung eine Pause in einem schicken Café in einem der besten Warschauer Hotels am Königstrakt machen – das klingt erstmal nicht so richtig entspannend. Ist es aber. Denn im *Café Bristol* herrscht ganz unangestrengte Atmosphäre → S. 60

Erlösung vom Großstadttrubel

In der Warschauer Hauptstadthektik wirkt der *Plac Zbawiciela* wie aus der Zeit gefallen. Zahlreiche Cafés und Restaurants bereichern die Sandsteinarchitektur des Gebäudeensembles → S. 52

Wellness im 44. Stock

Hoch über den Straßenschluchten der Metropole verschafft das *Riverview Wellness Center* im 44. Stockwerk des Hotels Intercontinental Entspannung – mit spektakulärem Blick über Warschau → S. 38

Zurückgelehnt am Flussufer

Liegestühle im Sand? Mit einem Drink in der Hand Stadt, Mensch und Fluss an sich vorbeiziehen lassen? Das gibt´s nur am neuen Weichselboulevard. Gemütlich ist's ganzjährig im *Green Caffè Nero* mit Terrasse und Sitzplätzen direkt am Ufer → S. 60

Venezianische Gondeln

Lassen Sie sich im Königlichen Bäderpark *(Łazienki)* von den Gondolieri ganz nach venezianischem Vorbild über den See fahren → S. 54

Filmpalast

Der Kulturpalast ist ein Multitalent: Kino kann er natürlich auch. Einen US-Film im ehemaligen Stalinpalast in der *Kinoteka* anschauen – unbezahlbar! → S. 77

Auf die klassische Art erholen

Es muss nicht immer Chopin sein: In der Warschauer *Nationalphilharmonie (Filharmonia Narodowa)* erleben Sie wunderbar inspirierende Klassikabende, bei denen auch Musik von anderen Komponisten gespielt wird → S. 80

AUFTAKT

ENTDECKEN SIE WARSCHAU!

Königsschloss und kommunistischer Kulturpalast, gläserne Kathedralen des Kapitalismus und Kultpartys in Abbruchhäusern: In Polens Hauptstadt geht vieles zusammen. Da ist die kleine Altstadt mit ihren ***malerischen Gassen*** und den schönen Kaufmannshäusern, umgeben vom Betongebirge ***sozialistischer Plattenbauten***, spiegelverglasten ***Wolkenkratzern*** und riesigen Einkaufszentren. Kirchen in ***katholisch-barocker Pracht*** zeugen von vergangenen Epochen, im Süden reckt sich der modern-monumentale Tempel der Göttlichen Vorsehung in den Himmel. Polens neue Nationalkirche wird allerdings selbst weit überragt vom stalinistischen Kulturpalast, der einst den Sieg des Sowjetsozialismus symbolisieren sollte.

Es sind die ***atemberaubenden Kontraste***, die den Reiz Warschaus ausmachen, weniger die gewachsene Schönheit klassischer Architektur. Mit jahrhundertealter Baukunst kann die polnische Hauptstadt kaum dienen. Warschau war am Ende des Zweiten Weltkriegs zu mehr als 90 Prozent zerstört. Nahezu alles, was alt aussieht, ist Kopie, bis ins Detail ***meisterlich rekonstruiert***: Kirchen, Paläste, ganze Straßenzüge, die komplette Altstadt. Warschau, seine Wiedergeburt inbegriffen, steht für eine bewegte und tragische Geschichte, in der Freiheit nie selbstverständlich war.

Bild: Altstadtmarkt Rynek Starego Miasta

Die Weichsel macht Warschau zur ***Stadt am Wasser***. Das urbane Leben hat sich in den vergangenen Jahren in großen Schritten dem Fluss genähert. Nicht mehr nur im Sommer bevölkern Erholungssuchende und Partyhungrige gleichermaßen die Ufer. Radfahrer und Skater, Jogger und Spaziergänger säumen die noch völlig ***neuen, schicken Promenaden***. Zu kommunistischen Zeiten hatte die Weichsel durch ihre Wucht und die Verschmutzung etwas radikal Trennendes. Doch spätestens mit der Fertigstellung des Nationalstadions auf dem rechten Ufer änderte sich alles. Dazu verläuft die neue U-Bahnlinie M2 unter dem Flussbett und bringt beide Stadthälften einander sehr nahe. Hinter dem Fußballtempel erstreckt sich der alte, längst wieder lebendige Stadtteil Praga mit seinen überkommenen Industrieanlagen.

Das junge Warschau entdeckt seinen Fluss wieder neu

Die ***Aura des Gegensätzlichen*** oder gar Widersprüchlichen, die über Warschau liegt, prägt das Leben und die Menschen in der Stadt. Umgekehrt sind es aber auch die gut 1,8 Mio. Einwohner, die der Metropole ihren Stempel aufdrücken. Im Rest des Lands eilt den Warschauern der Ruf hochnäsiger Hauptstädter voraus. Die Krakauer etwa betonen gern, dass ihr Ort schon Zentrum des Königreichs Polen war, als in Warschau noch die Kühe grasten. Tatsächlich ist Warschau eine ***vergleichsweise junge Hauptstadt***. Erst 1596 verlegte König Sigismund III. seine Residenz aus Krakau hierher. Daher rührt womöglich auch der Neid in Krakau, wo man die Warschauer für unverbesserliche kulturlose Karrieristen hält. Das aber ist ein Zerrbild, das allenfalls eine Seite der Medaille zeigt. Zugegeben: Es ist die zuerst sichtbare Vorderseite.

Unbestritten hat sich Warschau seit dem revolutionären Übergang von der Plan- zur Marktwirtschaft als Kapitale des Kapitalismus im östlichen Mitteleuropa etabliert.

Warschau entdeckt die Weichsel: An schönen Sommertagen zieht es die Menschen an den Fluss

Zahlreiche Zentralen internationaler Banken und Großunternehmen haben sich hier angesiedelt. Das bietet verlockende Möglichkeiten, und so träumen viele Menschen in der polnischen Provinz davon, in der Hauptstadt ***Karriere zu machen***. Das Durchschnittsgehalt beträgt dort umgerechnet rund 1500 Euro gegenüber gut 1100 Euro im Rest des Lands. Zudem ist Polen dank günstiger Steuergesetze ein Paradies für Existenzgründer. Wer aber mit einer Geschäftsidee Erfolg haben will, der braucht einen Unternehmenssitz in Warschau – zumindest als Briefkastenfirma. Deren Inhaber arbeiten außerhalb der Metropole und lassen sich in der Stadt nur zu Geschäftsterminen blicken. Den einst ausufernden Pendelverkehr hat man ***auch dank EU-Geldern*** inzwischen ganz gut in den Griff bekommen: Neue Metro, neue Straßenbahnen, neue Busse, neue Radwege und neue Park-&-Ride-Stationen schossen aus dem Boden. All dies zeugt zuallererst vom ökonomischen Erfolg des Landes und seiner Hauptstadt. Die Arbeitslosigkeit, zum EU-Beitritt 2004 noch bei 20 Prozent, sank stetig und lag 2018 bei gerade mal noch knapp 6 Prozent. In der ***boomenden Hauptstadt*** allerdings sind nur knapp 2 Prozent offiziell erwerbslos.

Kapitalismuskapitale mitten in Europa

Das Wirtschaftswunder an der Weichsel spiegelt sich in der Architektur der Kapitale wider. Die meisten Brachflächen, die es nach dem Sturz des Kommunismus 1989 gab, hat das neue Warschau erobert. In einer Art Wettlauf um die lukrativsten Lagen und ambitioniertesten Projekte wachsen luxuriöse Hotels oder die Bürogebäude von Unternehmen in den Himmel, die ihr im Aufschwung verdientes Geld in ***futuristische Hochhäuser*** stecken. Paradoxerweise herrscht in Warschau trotz des Baubooms nach wie vor latente Wohnungsnot. Sozialer Wohnungsbau findet kaum statt, und die Immobilienpreise haben längst Westniveau erreicht. Dennoch kauft sich jeder, der es irgendwie kann, eine kleine Wohnung. Das betrifft vor allem die ***neue Mittelschicht***, die sich dank des Wirtschaftswunders immer stärker zwischen den Verlierern der Transformation und den Höchstverdienern ausbreitet.

WaWa, wie die Bewohner ihr Warszawa liebevoll nennen, ist eine Metropole mit einem ***blühenden Kulturleben***. Bester Beleg sind die vielen kostenlosen Freiluftevents, die in der warmen Jahreszeit Zehntausende Besucher anlocken – ob in der Langen Nacht der Museen, beim Summer Jazz in der Altstadt oder bei klassischen Konzerten auf Schloss Wilanów und im Łazienki-Park. Bestens besucht sind auch die Theater der Stadt, die Philharmonie und vor allem die Nationaloper. Für deutsche Gäste immer wieder verblüffend ist der niedrige Altersdurchschnitt der kunstbeflissenen Zuschauer. Zufall ist das nicht: Warschau mit seiner rastlosen Lebendigkeit ist eine ***Stadt der Jugend***. Das zeigt sich tagsüber in den ebenso originell gestalteten wie meist überfüllten Cafés und mit Einbruch der Dunkelheit erwacht die Kneipen-, Club- und Diskothekenszene zu einem ***brodelnden Nachtleben***.

Wer es etwas schräg liebt, den zieht es in den ***alternativen Stadtteil Praga*** rechts der Weichsel. In Abbruchhäusern oder Industriebauten hat sich dort eine ganz eigene Kultur entfaltet. Während des Warschauer Aufstands gegen die Nazis 1944 stand in dem Viertel schon die Rote Armee. Die Deutschen, die damals fast die gesamte Hauptstadt niederwalzten, mussten Praga deshalb unangetastet lassen. Deshalb finden sich dort die meisten Altbauten Warschaus – immer mehr davon frisch renoviert. Einst war der Stadtteil als Hochburg der Kleinkriminellen verschrien. Doch das hat sich geändert, spätestens seit das „Zehnjahres-Stadion" mit seinem berühmt-berüchtigten Basar „Jahrmarkt Europas" verschwunden ist. An seiner Stelle ist das Nationalstadion zum weithin sichtbaren Zeichen des Wandels geworden – der Fußball-Europameisterschaft 2012 sei Dank.

Der ***Sport*** gehört fast so sehr zu Warschau wie die Kultur: Ruderregatten auf der Weichsel, Volleyball am City-Strand und natürlich die polnischen Nationalsportarten Fußball und Handball. Da Inlineskating, Fahrradfahren und andere sportliche Aktivitäten in den innerstädtischen Grünanlagen teils verboten sind, kam der ***neu gestalteten Weichselpromenade*** eine gewaltige Bedeutung zu. Es ist, als habe die ganze Stadt nur darauf gewartet, dieses Terrain aktiv und sportlich in Beschlag zu nehmen. Auch das Radwegenetz machte in jüngsten Jahren einen Quantensprung – befeuert durch die städtischen Mietfahrräder, deren Stationen inzwischen das Stadtbild prägen. Anfang dieses Jahrzehnts noch undenkbar: Langsam wird das Fahrrad vom reinen Sportgerät für immer mehr „automüde" Warschauer zur echten Alternative in Beruf und Alltag.

Pulsierende Lebendigkeit macht Warschau zur Stadt der Jugend

Wer das geschäftige Treiben der City liebt, findet mehr als genug Anziehungspunkte. Der bunte Mix aus Einkaufszentren, Factory-Outlets und Boutiquen hat Warschau gerade auch für Touristen zum ***Shopping-Insidertipp*** gemacht. Historisch Interessierte stoßen nahezu auf Schritt und Tritt auf Zeugnisse der ***dramatischen Stadtgeschichte***. Erinnerungstafeln und Mahnmale ehren die Freiheitskämpfer gegen die Zarenherrschaft und die Sowjetbesatzung, vor allem aber die Aufständischen gegen die Okkupation durch die Deutschen im Zweiten Weltkrieg. Nach der Flugzeugkatastrophe von Smolensk, bei der im April 2010 Präsident Lech Kaczyński und 95 weitere Repräsentanten Polens starben, hat sich zudem ein politisch motivierter Wettlauf um das „richtige" Gedenken an die Opfer der Tragödie entwickelt.

Die dunklen Zeiten der Historie, als Polen zwischen den europäischen Großmächten zerrieben wurde, prägen das Geschichtsbild im Land noch heute stark. Preußen,

Russland und Österreich hatten sich Polen im 18. Jh. in drei Teilungen unter den Nagel gerissen. Warschau fiel erst an Preußen, später an Russland. Der Erste Weltkrieg machte die neue-alte Hauptstadt 1918 wieder zum Zentrum einer freien Republik. In den Goldenen Zwanzigern blühte die Metropole auf, was mit dem Überfall der Wehrmacht 1939 abrupt endete. Sechs Jahre lang litt Warschau unter der Terrorherrschaft der Nazis. Am Ende legten die Deutschen die Stadt in Schutt und Asche.

Warschaus wechselvolle Geschichte

Doch die Bewohner kehrten zurück und ließen Warschau schnell auferstehen. Eine Millionenstadt komplett zu restaurieren, dazu waren sie freilich nicht in der Lage. Daher trat anstelle der historischen Substanz oftmals der Zweckbau der Plattensiedlungen, die dem Stadtbild bis heute ihren Stempel aufdrücken. Nach und nach wachsen ***neue Viertel*** mit weniger wuchtigen Wohnblocks wie zuletzt in Powiśle, dem Stadtteil an der zu neuem Leben erweckten Weichsel, unterhalb von Altstadt und Königstrakt. Neben hübschen Apartmentkomplexen entsteht hier auch so etwas wie ein ***Kiezleben mit studentisch-alternativem Touch***. Die Hauptstadt aber hat auch sehr exklusive Gegenden zu bieten, rings um das Adelsschloss Wilanów etwa oder im Diplomatenviertel von Saska Kępa mit seinen Parks. Zu sehen und zu erleben gibt es in Warschau also mehr als genug. Und vom Berliner Alexanderplatz bis zur Sigismundsäule vor Warschaus Königsschloss ist es nicht weiter als bis zum Kölner Dom: Warschau liegt ***mittendrin im neuen Europa***.

Auch das ist Warschau: Futuristische Wolkenkratzer weisen den Weg in die Zukunft

IM TREND

1 Es rollen die Räder

Prägende Drahtesel „Veturilo": Den exotischen Namen – „Transportmittel" auf Esperanto – wählten die Warschauer in einer Abstimmung für die städtischen Mietfahrräder. Inzwischen gibt es hunderte Ausleihstationen in der Stadt und die Zahl der Nutzungen überschritt zuletzt 5 Mio. pro Jahr. Sogar E-Veturilos und Tandems gibt es. Die Drahtesel mit Körbchen vorn und Werbeflächen am Hinterreifen prägen das Bild der Metropole. Registrieren auf *de.veturilo.waw.pl* und losstrampeln – perfekt!

2 Straßenhandel

Bio-Märkte Die Menschen der Hauptstadt entdecken neu, was einst ganz normal war: Märkte, auf denen gesunde, regionale Produkte von kleinen Höfen verkauft werden. In der hippen *Hala Koszyki (tgl. ab 9 Uhr | Ulica Koszykowa 63 | www.koszyki.com)* wird auch international gespeist, teils bis 1 Uhr morgens. Ganz auf „öko" eingestellt ist der *Biobazar (Mi, Fr 10–18, Sa 8–16 Uhr | Ulica Wołoska 3 | www.biobazar.org.pl)*. Frischen Fisch gibt's freitags auf dem *Plac Powstańców Warszawy* im Zentrum.

3 Eis-Offensive

Kühle Leckerbissen In allerjüngster Zeit wuchsen kleine unabhängige Eisdielen aus dem Boden „wie Pilze nach dem Regen", wie es auf Polnisch so schön heißt: Handgemacht ist das Eis, ohne künstliche Zusatzstoffe. Die verrücktesten und kreativsten Ideen für neue Sorten bieten etwa *Thai Ice (Krakowskie Przedmieście 24)*, *Waff´love (Ulica Senatorska 28)*, *Sucré (Ulica Mokotowska 12)*, *Na końcu tęczy (Ulica Wyzwolenia 15)*, *N´Ice Cream Factory (Ulica Chmielna 9/5)* oder *Fabryka Lodów Tradycyjnych (Ulica Tamka 31)*.

In Warschau gibt es viel Neues zu entdecken. Das Spannendste auf diesen Seiten

Pawilonys Geheimnisse

4

Nachtleben im Versteckten Hinter der Nowy Świat versteckt sich Warschaus angesagtestes Geheimnis. Tritt man von der Prachtmeile durch ein Tor, ist man schon mitten in Pawilony, einer Reihe versteckter Minibars im Hinterhof, die ganz ohne Beschilderung auskommen. Das zweistöckige *Klaps (Ulica Nowy Świat 22/28)* ist liebenswert verschroben und bekannt für sein Interieur mit Zapfhähnen aus Sexspielzeug. Plüschig, üppig und sehr orange kommt das *Oranż (Ulica Nowy Świat 22/28)* daher. Wer danach noch nicht genug hat, geht zu *Luzztro (Aleje Jerozolimskie 6 | luztro.pl)* gleich um die Ecke. Bei der After-Hour-Party tanzen Nachtschwärmer bis Sonntagnachmittag durch.

Kunst allerorten

5

Straßenschönheiten Halten Sie beim Sightseeing die Augen offen. Nicht nur beim Königsschloss und der Johannes-Kathedrale, sondern auch bei der Straßenkunst. In Warschau entstehen an öffentlichen Gemäuern überall legale Graffiti. In Tarchomin, einem Teil von Białołęka, haben u. a. *Twożywo (www.twozywo.art.pl) (Foto)* die trostlosen Fassaden verziert. Die neuesten und verrücktesten Kunstwerke sind auf dem jährlich stattfindenden *Streetart Jam (stary.vlepnet.bzzz.net)* zu sehen. Wer sich anmeldet, darf mitsprayen. Einer der bekanntesten Graffiti-Künstler des Landes ist Krzystof Syruć, der in Warschau lebt und arbeitet. Im *Warszawa Powiśle (Leona Kruczkowskiego 3b)* können Sie seine Werke sehen. In dem umfunktionierten Bushäuschen sind heute Architektur und zeitgenössische Kunst Thema. Außerdem kann man dort auch Konzerte besuchen oder einfach etwas trinken.

FAKTEN, MENSCHEN & NEWS

AUS MIKRO MACH MAKRO

Jetzt mal ehrlich: Denken Sie auch noch, dass Sie in Warschau mit dem Wodka-Gläschen in der Hand erst einmal *na zdrowie!* ausrufen müssen? Dann haben wir eine schlechte Nachricht: Leider kommen Sie ein paar Jahre zu spät. Die Trinkgewohnheiten haben sich gewandelt. Das gute alte Bier hat seit der Wende und der damit verbundenen Westöffnung unaufhaltsam seinen Siegeszug angetreten. Zum neuen Trend entwickeln sich Mikrobrauereien *(małe browary oder mikrobrowary)* und besonders tschechisches Bier vom Fass. Dort wird der Gerstensaft im Brauerei-Ambiente frisch kredenzt. Auf dem Vormarsch sind auch Weine, vor allem aus Italien. Wodka pur dagegen hat es immer schwerer. Der klare Schnaps gilt in Warschau als unmodern – wenn hier Spirituosen getrunken werden, dann Drinks und Cocktails.

DAS SIND WARSCHAUER, VERDAMMT!

Also das darf doch jetzt echt nicht wahr sein. Da hat man mit Jahrhundertkomponist Frédéric Chopin und der zweifachen Nobelpreisträgerin Marie Curie schon zwei weltberühmte Landsleute, und dann denken alle, es seien Franzosen. Es ist aber auch ein Pech mit diesen Namen. Na gut, Chopins Vater war tatsächlich Franzose, aber das Musikgenie kam 1810 im Dorf Żelazowa Wola zur Welt. Nach einem gescheiterten Volksaufstand im damals zum russischen Za-

 Bild: Open-Air-Konzert im Lazienski-Park

Von Marienstatuen, der neuen Metro und zwei polnischen Nationalhelden: Was Sie alles über Warschau wissen sollten

renreich gehörenden Teil Polens blieb Chopin dann für immer im Pariser Exil – nur seine von schmerzhafter Heimatliebe geprägte Musik verband ihn bis zu seinem jungen Tod mit Polen. Sein Herz wurde dann in der Warschauer Heiligkreuzkirche beigesetzt. Sowieso gleicht ganz Warschau einem großen Chopin-Freilichtmuseum: Ob auf der Flaniermeile Krakowskie Przedmieście oder im schicken Łazienki-Park – Sie werden dem Romantiker auf Schritt und Tritt begegnen. Sie können sogar auf Bänken sitzen, aus denen dann per Knopfdruck Musik des Meisters strömt, der auf Polnisch übrigens ungefähr wie „Schoppen" ausgesprochen wird.

Madame Curie hatte noch nicht einmal Chopins Frankreich-Connection. Sie war einfach das kleine polnische Mädchen Maria Skłodowska – ein Name, unter dem sie bis heute jedes Schulkind in Polen kennt. Aber eben nur in Polen. Auch sie scheiterte an der Besetzung Warschaus durchs Zarenreich. Zum Studieren musste sie ausreisen. Sie wählte die Pariser Sor-

Lange hat es gedauert – aber mit der neuen Metro-Linie erschließt sich Warschau noch besser

bonne und der Rest ist Geschichte: gleich zwei Nobelpreise (1903 für Physik und 1911 für Chemie). Eine Heirat machte sie zur Curie, aus Maria wurde Marie und schon war es passiert: Alle Welt hält sie für eine Französin. Dabei heißt das von ihr entdeckte Polonium nicht umsonst genau so, wie es heißt! In der Neustadt sollten Sie sich das kleine, aber feine *Museum Marie Curie* (s. S. 36) im Geburtshaus der „französischen Polin" nicht entgehen lassen.

DU EINMACHGLAS!

Warschau teilt das Schicksal vieler großer Hauptstädte: In der Provinz schimpfen sie drauf, aber alle wollen hin – hauptsächlich natürlich der Karriere wegen. Und die alteingesessenen Warschauer – von denen es nach den Wirren der Geschichte ja gar nicht so viele gibt – sind umso stolzer auf ihr großes Fleckchen Erde. Und spotten über die Zugezogenen, denen am Wochenende auf dem Dorf Mutti noch die Wäsche wasche und für die ganze Woche einen Kofferraum voller Einmachgläser mit Mittagessen zum Warmmachen mitgebe. *Słoiki* heißen diese Gläser auf Polnisch und genau so nennt ein echter Warschauer seine neuen Mitstädter. „Ach, das ist eine neue Siedlung, da wohnen nur *słoiki*." Oder: „Guck mal, unsere *słoiki*–Nachbarn haben jetzt sogar schon Warschauer Nummernschilder." So richtig böse gemeint ist es freilich fast nie – ein bisschen herablassend-spöttisch vielleicht ...

KIRCHE? JA! ODER NEIN?

Sie werden sofort sehen, wie Kirchen nicht nur das Straßenbild Warschaus bestimmen. Nein, sie werden tatsächlich immer noch regelmäßig besucht, um zu beten oder für eine Heilige Messe. Die Marienstatuen (s. S. 50) in den Hinterhöfen des Stadtteils Praga zeugen auch heute noch von diesem gelebten Glauben. Aber der Schein trügt ein wenig, denn gerade viele jüngere Warschauer gehen längst nicht mehr regelmäßig. Einige aus Protest gegen die oft erzkonservativen Predigten und Aussagen der Kirchenoberen, bei anderen ist es einfach eine schleichende Entwicklung. Die wenigsten machen den letzten Schritt und treten aus. Nein, nein, Taufe, Kommunion, Hochzeit und Beerdigung ist ja irgendwie auch feierlich.

Dazu passt auch die Verehrung des Polen Karol Wojtyła alias Papst Johannes Paul II. Zwar stammte er aus Wadowice bei Krakau, aber auch in Warschau hinterließ er viele Spuren. Auf dem Piłsudski-Platz versammelten sich bei seinen Pilgerreisen in die Heimat viele Hunderttausende, als er 1979 den Menschen während der kommunistischen Herrschaft Mut gab. Auf dem Platz erinnert bis heute ein großes Kreuz daran. Ein großes Museum für „JPII" wartet immer noch auf seine Eröffnung in der neuen Nationalkirche, dem gigantischen „Tempel der Göttlichen Vorsehung" im Stadtteil Wilanów. Und in der Heiligkreuz-Kirche erstrahlt gleich im Eingangsbereich ein riesiges weißes Relief des Papstes.

ECHT UNTERIRDISCH

Die Legende geht so: Stalin bot der Stadt Warschau nach dem Zweiten Weltkrieg ein Geschenk an. Zwei Präsente stellte er zur Wahl: Metro oder Kulturpalast. Wäre dies wahr, dann wären die meisten Warschauer auch heute noch so richtig sauer auf die damaligen Machthaber. Denn gebaut wurde der Palast, während prächtige U-Bahn-Stationen à la Moskau der polnischen Hauptstadt entgingen. Das Teilstück einer einzigen Metro-Linie startete den Betrieb zu Kommunismuszeiten, erst 2008 war es dann endlich eine ganze Linie mit 21 Stationen. Der zentrale Abschnitt der zweiten Linie sollte zur Fußball-EM 2012 fertig werden. Sollte. Immerhin ging es danach recht flott. Die moderne Linie M2 schnurrt nun unter Stadtmitte, Königstrakt und Weichsel entlang – verbindet Glitzerhochhäuser, die Flaniermeile Nowy Świat und das Nationalstadion mit dem alten Stadtteil Praga. Die neuen Stationen sind zwar nicht schmuckvoll-russisch, aber dafür schön modern und vielfarbig. Und an der Verlängerung der M2 wird bereits sehr kräftig gewerkelt. *www.ztm.waw.pl.*

IM PIS-LAND

Spätestens, wenn Sie beim Sightseeing in Warschau auf eine größere Demonstration stoßen, vor dem Obersten Gericht eine Mahnwache für eine freie Justiz sehen oder am Präsidentenpalast Kundgebungen pro und contra Regierung erleben, wissen Sie Bescheid: In der Politik läuft es gerade ein wenig unrund, um es sehr diplomatisch zu formulieren. Die Kaczyński Zwillinge Lech und Jarosław wurden bekannt als Kinderschauspieler im Film „Über die beiden, die den Mond klauten." Die politische Szene mischten sie so richtig ab 2005 auf, als sie mit einigen Koalitionspartnern an die Macht kamen. Ihre Partei: die PiS, also „Recht und Gerechtigkeit". Sehr konservativ, erzkatholisch, nationalistisch und zumindest europaskeptisch.

Nach zwei Jahren war der „Spuk" – wie viele damals dachten – vorbei. Doch nach langer Oppositionszeit und dem tragischen Tod seines Bruders Lech kehrte der nationalreligiöse Jarosław Kaczyński tatsächlich zurück: 2015 wurde der Kaczyński-Getreue Andrzej Duda erst Präsident, dann erkämpfte der Stratege eine absolute Mehrheit für seine PiS im Parlament, dem Sejm. Wieder ging es von vorn los: Die öffentlich-rechtlichen Medien wurden zu Propaganda-Kanälen umgebaut, die freie Presse bedrängt, die Unabhängigkeit der Gerichte beschränkt, die Wirtschaft im Staatsbesitz gestärkt und komplett politisch vereinnahmt, Jagdenthusiasten, Braunkohleliebhaber und Waldabholzer werden Umweltminister.

Das moderne Warschau ist aber nach wie vor eine der liberalen Inseln im reaktionären PiS-Land und wird es wohl auch bleiben. Das Rathaus hält immer tapfer dagegen und unterstützt die Opposition. Richtig kurios wird es, wenn ca. 50 000 Menschen auf die Straße gehen. Die PiS-kontrollierte Polizei schätzt dann offiziell auf 15 000 Demonstranten, das Rathaus auf 100 000. Die nächsten Sejm-Wahlen im Herbst 2019 werden spannend!

NEBEL UM LECH KACZYŃSKI

Es war die größte nationale Tragödie Polens seit dem Zweiten Weltkrieg. Beim Flugzeugabsturz der Präsidentenmaschine im russischen Smolensk kamen 95 teils hochrangige Vertreter von Politik, Wirtschaft, Kirche und Militär ums Leben, darunter auch Staatsoberhaupt Lech Kaczyński mit seiner Ehefrau. Kaczyńskis Zwillingsbruder Jarosław machte seinen verständlichen Schmerz zum politischen Instrument. Er und seine Gefolgsleute streuen unaufhörlich Verschwörungstheorien von einem angeblichen Anschlag aufs Flugzeug, das nach allen Erkenntnissen wegen eines gefährlichen Landeversuchs in dichtem Nebel verunglückte. Sogar die Leichen der Opfer wurden exhumiert – teils gegen den Willen der Familien. Natürlich alles ohne Ergebnis.

Panorama mit Skyline: Blick von der Swietokrzyski-Brücke auf die Weichsel und ihre Ufer

An jedem zehnten Tag eines Monats wird bei Versammlungen vor dem Präsidentenpalast die „Wahrheit" über Smolensk angemahnt. Und seit 2018 steht auf dem Piłsudski-Platz eine große, in den Himmel führende Treppe als Smolensk-Denkmal – gegen den Protest der Stadt Warschau, der man den Platz kurzerhand wegen seiner „nationalen Bedeutung" wegnahm.

SAUBERE LEISTUNG

Es gibt kein Vertun: Polen leidet unter Smog. Weniger die großen Städte, sondern auch und gerade die kleineren Städte und Dörfer. Der Grund: Aus den Schornsteinen steigt manchmal unvorstellbarer Qualm aus der Verbrennung von Kohle oder anderen minderwertigen Stoffen. Die großen Warschauer Wohnblöcke dagegen pusten vergleichsweise harmlose Abgase in den Himmel, denn sie haben immer häufiger moderne Ofenanlagen. Dennoch werden im Winterhalbjahr die Grenzwerte für Feinstaub teils kräftig überschritten. Doch das grüne Bewusstsein setzt sich mehr und mehr durch: Mülltrennung ist längst Standard, Busse, Straßenbahnen und lokale Züge fahren häufiger, leiser und sauberer. Die Zahl der Radler, Radwege, Zebrastreifen und Fußgängerampeln explodiert und es zischen sogar schon Taxis mit Elektromotor fast lautlos am staunenden Betrachter vorbei. Von Fahr- oder zumindest Dieselverboten im Zentrum ist man zwar noch weit entfernt. Aber wenn die Kfz-Lobby schon kräftig auf die Stadtmütter und -väter schimpft, kann das doch eigentlich nur ein gutes Zeichen sein!

WE(I)CHSELBAD DER GEFÜHLE

Eigentlich haben sie es doch schon immer gewusst, die Warschauer: Ihre Weichsel (polnisch *Wisła)* kann so schön sein – man muss es nur zeigen wollen. Und man wollte: Der einst nur schwer zugängliche Strom mit unattraktivem, grauem Betonufer befindet sich jetzt mitten im Herz der Stadt. Ein hübscher, kilometerlanger Boulevard mit Kneipen, Imbissen und Cafés wurde 2018 endlich fertiggestellt. Durch Tunnelzugänge aus Zentrum und Altstadt strömen nicht nur im Sommer massenhaft Spaziergänger, Radler und Inlineskater heran und die Metro hält direkt über dem Boulevard. Kostenlose Fähren schippern ans östliche Ufer in das alte Praga, wo direkt im Schatten des Nationalstadions Strände und Naturwege locken. Die Wasserqualität steigert sich von Jahr zu Jahr und immer mehr Paddler und sonstige Süßwasserkapitäne wagen sich auf den mit 1067 km längsten Fluss Polens.

SEHENSWERTES

> **CITY WOHIN ZUERST?**
> **Sigismundsäule auf dem Schlossplatz (121 D3) (*D5*):** Hier endet der Königsweg, und die Altstadt beginnt. Über Treppen erreichen Sie das Weichselufer und die Fähre nach Praga (Podzamcze, Bus 118, 185). Durch den Ogród Saski sind Sie in 20 Gehminuten in der modernen City. Zur Sigismundsäule fahren u. a. die Buslinien 175, 180 und 503, Plac Zamkowy. Mit dem Auto gelangen Sie über die Ulica Marszałkowska und Ulica Senatorska zum Teatr Wielki (Plac Teatralny 1) und nutzen dort den Parkplatz (je nach Parkdauer 3–4,20 Zł./Std.).

Warschau kennt nur einen Weg: den in die Zukunft. Nach dem Ende des Kalten Kriegs und seit dem EU-Beitritt Polens 2004 hat sich die Stadt auf atemberaubende Weise und in rasantem Tempo zu einer attraktiven mitteleuropäischen Metropole entwickelt.

Keine Grenzkontrolle hemmt mehr den Verkehr zwischen Berlin oder Paris und der polnischen Hauptstadt. Und das hat in Zeiten des globalen Kapital- und Warentransfers Folgen: Warschau boomt seit Jahren. Die Wolkenkratzer und die Shopping-Mall Złote Tarasy (Goldene Terrassen) im Zentrum sind zu mächtigen Sinnbildern der „Cash-Machine Polens" geworden. In Warschau laufen nahezu alle politischen und ökonomischen Fäden des östlichen Mitteleuropas zusam-

Bild: Denkmal des Warschauer Aufstands

Überlaufene und vergessene Viertel, Straßen und Parks, kleine und große Kirchen, königliche und kommunistische Paläste

men. Internationale Organisationen wie etwa die EU-Grenzschutzagentur Frontex haben in der polnischen Hauptstadt ihren Sitz. Der von den meisten Warschauern einst ungeliebte, inzwischen aber geschätzte Kulturpalast im stalinistischen Zuckerbäckerstil wirkt da wie ein Relikt aus lange vergangener Zeit.

Dennoch gehört es zum Schicksal dieser Stadt, dass sie wie keine zweite in Polen mit ihrer Geschichte fest verwoben ist. Die nach 1945 komplett rekonstruierte Altstadt zeugt vom Zerstörungswahn des Weltkriegs. Das Königsschloss, Schloss Wilanów und der Sejm, der Sitz des polnischen (Adels-)Parlaments, verkörpern die verschiedenen Seiten und Stadien der langen republikanischen Tradition des Lands. Und schließlich verweisen die vielen christlichen Kirchen und die Spuren jüdischen Lebens auf die reiche und weit zrückreichende Kultur der gesamten Region.

Die Millionenmetropole hat ihren Gästen viel zu bieten, viel zu zeigen, viel zu sagen. Seit Jahren steigt die Zahl

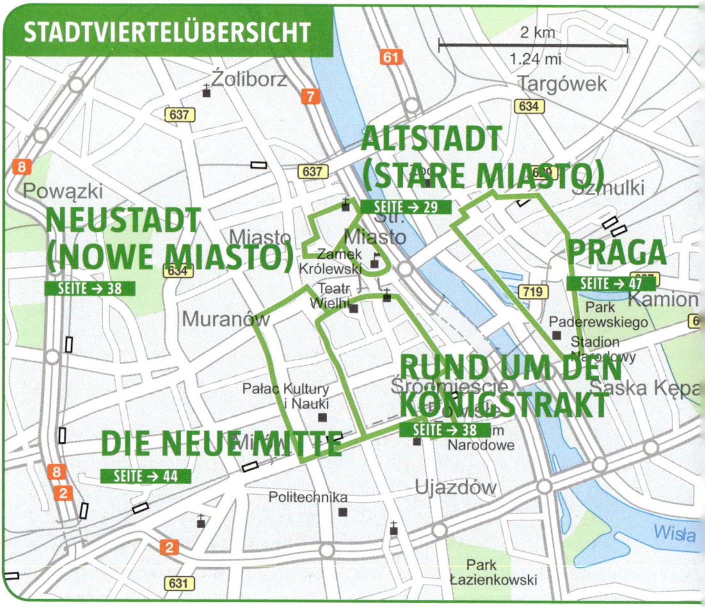

Die Karte zeigt die Einteilung der interessantesten Stadtviertel. Bei jedem Viertel finden Sie eine Detailkarte, in der alle beschriebenen Sehenswürdigkeiten mit einer Nummer verzeichnet sind

der Menschen, die in Polens Hauptstadt kommen: Zuletzt waren es offiziell schon mehr als 10 Mio. Touristen pro Jahr, davon 3 Mio. Ausländer, die zu Besuch kamen; die touristische Infrastruktur wird ständig ausgebaut und modernisiert. Im Innenstadtbereich weisen blaue Schilder auf Polnisch und meist auch auf Englisch den Weg zu den Sehenswürdigkeiten.

Doch nicht nur das Schloss, die Gotteshäuser von Gotik bis Klassizismus, die Plätze und Parkanlagen, die Jugendstilvillen und Barockpaläste sind eine Reise wert. Auch die Oper, die Philharmonie, die Theater und die Museen Warschaus haben sich im Lauf der vergangenen Jahre einen internationalen Ruf erarbeitet. Mehr als 60 Dauerausstellungen widmen sich allem erdenklich Interessanten – von der Karikatur bis zur polnischen Armee, von der avantgardistischen Gegenwartskunst bis zu Klassikern wie Rembrandt und Dürer – und das Kopernikus-Wissenschaftszentrum macht Lust aufs Experimentieren. Um einen Überblick über das aktuelle Geschehen zu bekommen, lohnt sich stets ein Blick in einen der unterschiedlichen Veranstaltungskalender *(z. B. www.warsawinsider.pl, www.um.warszawa.pl/en)*.

Viele Museen bieten übrigens einen Tag in der Woche freien Eintritt. Weit bringen wird Sie das gesparte Geld allerdings nicht. Zu verlockend sind etwa die modernen, hippen und trendigen Cafés und Kneipen, widerstehen kann man ihnen kaum. Dabei sind sie längst so teuer wie ihre Geschwister im Westen – aber dennoch jeden Złoty wert!

ALTSTADT (STARE MIASTO)

Warschaus Herz und Seele müssen Sie natürlich gesehen haben. Die Altstadt ist zwar auch immer voller Menschen, aber es geht doch etwas gemächlicher zu als in der hektischen City.

Die Altstadt ist Heimat eines bunten Volks aus Souvenirhändlern, Schauspielern, Schnellzeichnern und Droschkenkutschern und empfängt Touristen mit offenen Armen. Das gesamte Areal war nach dem Zweiten Weltkrieg zerstört, doch in einer nationalen Kraftanstrengung bauten die Polen das Zentrum ihrer Hauptstadt wieder auf. Darunter litten andere Regionen des Lands: In der Warschauer Altstadt sind Ziegel aus vielen polnischen Ortschaften verbaut, darunter Danzig, Elbing und Marienburg. Viele Gäste wollen kaum glauben, dass all die Bürger- und Kaufmannshäuser Kopien sind – rekonstruiert nach Fotografien, aber auch nach den berühmten Gemälden des Malers Canaletto. 1980 würdigte die Unesco die Warschauer Wiederaufbauleistung und nahm das Ensemble in ihre Liste des Weltkulturerbes auf.

Kopie oder nicht – Sie werden sich wundern, wie klein die Altstadt ist. Sie thront auf einem Hang über der Weichsel und war mit einer mächtigen Stadtmauer aus dem 16. Jh. und den Wehrtürmen wie eine Festung angelegt, deren Überreste Sie auch heute noch finden, genauso wie Teile einer gotischen Brücke. Der kleine *Altstadtmarkt (Rynek Starego Miasta)*, auf den fast alle Straßen zuführen, ist kaum so groß wie ein Fußballfeld. Rund

MARCO POLO HIGHLIGHTS

★ **Altstadtmarkt (Rynek Starego Miasta)**
Hier schlägt das Herz der Stadt → S. 30

★ **Galeria Zachęta**
Moderne Kunst von Weltrang im Prachtbau → S. 39

★ **Nationalstadion (Stadion Narodowy)**
Wahrzeichen an der Weichsel → S. 50

★ **Powązki-Friedhof (Cmentarz Powązkowski)**
Ältester Friedhof mit vielen großen Namen → S. 54

★ **Museum des Warschauer Aufstands (Muzeum Powstania Warszawskiego)**
Multimedial: alles über den Aufstand von 1944 → S. 51

★ **Kulturpalast (Pałac Kultury i Nauki)**
Zeugnis einer vergangenen Epoche → S. 44

★ **Plac Piłsudskiego**
Wo die Nation ihre Helden feiert → S. 42

★ **Heiligkreuzkirche (Kościół Św. Krzyża)**
Ruhestätte von Chopins Herz → S. 40

★ **Praga**
Der etwas andere Stadtteil → S. 47

★ **Ghetto-Denkmäler & Jüdisches Museum**
Zentrale Orte des Gedenkens → S. 50

★ **Sankt-Annen-Kirche (Kościół Św. Anny)**
Religiöses Schmuckkästchen → S. 33

★ **Schloss Wilanów & Plakatmuseum (Pałac w Wilanowie/Muzeum Plakatu)**
Adelsresidenz und Europas älteste Plakatsammlung → S. 56

um den Platz finden sich berühmte Restaurants, schöne Cafés und Biergärten. Die Straße *Kamienne Schodki (Steintreppe)* führte im Mittelalter bis zum Weißen Tor in der Stadtmauer. Von hier aus genoss schon Napoleon den schönen Ausblick auf die Weichsel. Die *Krzywe-Koło-Straße (Krummer Kreis)* verläuft an der ehemaligen Wehrmauer entlang. Von der alten Bebauung blieben nur der Rest des Hauses Nr. 6 und ein spätgotischer Steinfries mit dem Buchstaben T an der Fassade der Nr. 7.

1 ALTSTADTMARKT & SIRENE (RYNEK STAREGO MIASTA/ SYRENKA) ★ (121 D2) (*D4*)

In den herrschaftlichen Häusern, die den Rynek begrenzen und die mit viel Liebe restauriert worden sind, wetteifern Restaurants, Galerien, Juweliere und Souvenirläden um die Touristen. Im Sommer steht der Platz ebenso im Mittelpunkt wie im Winter mit *Eisbahn* und *Weihnachtsmarkt*. In Straßencafés, kleinen Biergärten und zwischen den Galerien drängen sich unter freiem Himmel die Menschen. Droschkenfahrer offerieren ihre Dienste, Leierkastenspieler bitten um einige Złoty, Blumenhändler bieten ihre Ware und Schnellzeichner ihre Dienste an. Auch das *Stadtmuseum (Nr. 28–42 | www.muzeumwarszawy.pl)* hat hier seinen Sitz.

Mitten auf dem Platz steht die *Sirene*, Warschaus Wappenfigur. Geschaffen hat die unverkennbar romantisch geprägte Bronzeskulptur der wehrhaften Nixe um 1850 der Warschauer Bildhauer Konstanty Hegel. Sie steht für eine der Gründungslegenden der Stadt, nach der einst zwei Meerjungfrauen aus dem Atlantik in die Ostsee schwammen. Eine blieb in Dänemark und bewacht seither Kopenhagen, die andere aber schwamm weiter und erreichte über Danzig die Weichsel und schließlich Warschau. Ihr schöner Gesang reizte einen Kaufmann, der auf

Herrliche Häuser, blühende Blumen: Sommer auf dem Altstadtmarkt

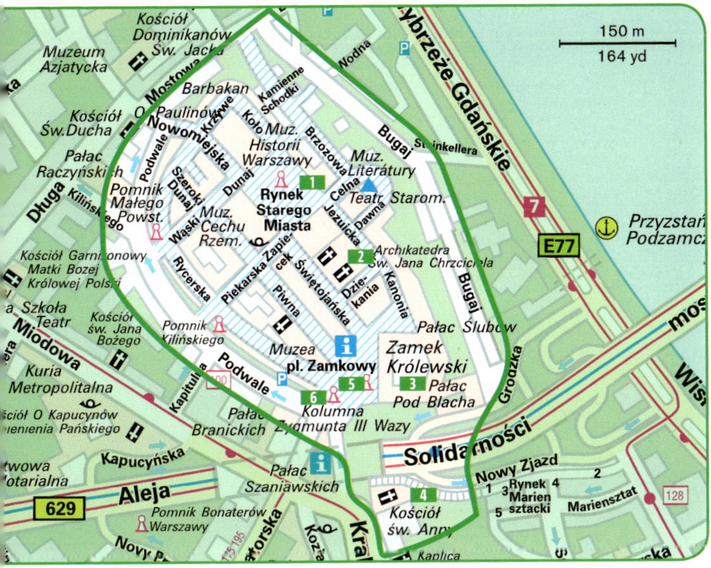

SEHENSWERTES IN DER ALTSTADT (STARE MIASTO)

Fußgängerzone

- **1** Altstadtmarkt & Sirene
- **2** Kathedrale Johannes des Täufers
- **3** Königsschloss
- **4** Sankt-Annen-Kirche
- **5** Schlossplatz
- **6** Sigismundsäule

die Idee kam, Geld mit der Nixe zu verdienen. Er entführte sie und stellte sie auf Jahrmärkten zur Schau. Doch ein tapferer Fischersohn befreite die Meerjungfrau und übergab sie wieder ihrem geliebten Element. Die Syrenka versprach, als Dank die Stadt zu beschützen, deshalb trägt sie Schwert und Schild. An der Ecke zur Wąski Dunaj steht zudem das älteste Haus der Altstadt, und eines der schönsten dazu: das INSIDERTIPP *Haus zur Heiligen Anna (Dom Św. Anny)*. Die vier Seiten des Markts sind nach den Teilnehmern des vierjährigen „Großen Sejm" benannt, der nach den ersten beiden Teilungen Polens die Maiverfassung von 1791 erarbeitete – das erste teils demokratische Grundgesetz Europas. *Bus 175, 180, 503 Plac Zamkowy*

2 KATHEDRALE JOHANNES DES TÄUFERS (KATEDRA ŚW. JANA CHRZCICIELA) (121 D2) (*D5*)

Die gotische Johannes-Kathedrale ist die älteste und bedeutendste Kirche der Stadt. Seit 1798 hat sie die Funktion eines Doms, seit 1817 ist sie die Kathedrale des Erzbistums Warschau. In der Krypta liegen berühmte Polen begraben, z. B. der letzte König Stanisław August Poniatowski und der Literaturnobelpreisträger Henryk Sienkiewicz („Quo Vadis?"). Im April 2010 wurde hier die Totenmesse für die Opfer der Flugzeugkatastrophe von Smolensk zelebriert. Achten Sie hier ganz besonders auf die nach dem Krieg rekonstruierten alten Skulpturen und die Glasfenster mit Darstellungen polnischer Heiliger sowie das wertvolle Kruzifix. Bei der Wiedereinrichtung wurde zur Erinnerung an die Zerstörung durch deutsche Truppen in der Wand die Raupenkette eines deutschen Panzers eingearbeitet, der 1944 einen Teil der Kathedrale zerstörte. *Krypta Mo–Sa 10–13 und 15–17.30, So 15–17.30 Uhr, Juli–Sept. So Orgelfestival mit Konzerten | Ulica Świętojańska 8 | Bus 175, 180, 503 Plac Zamkowy*

3 KÖNIGSSCHLOSS (ZAMEK KRÓLEWSKI) (121 D3) (*E5*)

Königreich und Untergang, Neugeburt als Republik, Kriegszerstörung und Wiederaufbau: An keiner Gedenkstätte Warschaus sind Wohl und Wehe der polnischen Geschichte eindrucksvoller zu erleben als im Königsschloss an der Weichsel. Vielleicht werden Sie sich im ersten Moment wundern, wie wenig prachtvoll das Gebäude aussieht. Doch hinter der schlichten roten Fassade erwarten Sie nicht nur Ausstellungen europäischer Kunst und adlige Hochkultur. Das Schloss bringt auch sein eigenes dramatisch-wechselvolles Schicksal in diese spannende Geschichtsstunde ein.

Für Kunstliebhaber und Geschichtsfans ist das Ensemble ein absolutes Muss. Rundgänge führen durch die Audienz-, Ball- und Rittersäle sowie die königlichen Privatgemächer. Besonders sehenswert sind das Marmorzimmer mit 22 Porträts polnischer Könige, die klassizistische Kapelle und der Senatorensaal, wo 1791 die erste freiheitliche Verfassung Europas proklamiert wurde. Dort steht ein rekonstruierter Königsthron, die Wände sind mit den Wappen aller polnischen Regionen geschmückt. Auf zwei Etagen gibt es wechselnde Ausstellungen zu bestaunen, meist hochklassige Malerei. Doch das Kronjuwel des Schlosses ist der Canaletto-Saal. Der italienische Maler Bernardo Bellotto, genannt Canaletto, wurde durch seine Panoramabilder Dresdens berühmt, seine letzten Lebensjahre verbrachte er in Warschau. Im Schloss werden 23 seiner eindrucksvollen Porträts der polnischen Hauptstadt ausgestellt – eines davon das gewaltige Panoramagemälde der Stadt, vom anderen Weichselufer aus gesehen.

Die Entstehung des Bauwerks wurzelt in der Zeit, als König Sigismund (Zygmunt) Wasa III. die Hauptstadt Polens von Krakau nach Warschau verlegte. Weil er dazu eine Residenz brauchte, ließ der Regent die Burg der Fürsten von Masowien 1599–1619 zu einem prachtvollen Fünfflügelbau ausbauen. Er beauftragte dazu die besten Baumeister, und das waren in der Zeit des Frühbarock Italiener: Giovanni Trevano, Giacomo Rodono und Matteo Castelli brauchten zwanzig Jahre, um die Wünsche des Monarchen zu erfüllen. Im Lauf der Jahrhunderte wurde freilich, wie es in vielen Herrschaftshäusern üblich war, noch so oft an- und umgebaut, dass der Komplex heute Baustile von Rokoko bis Klassizismus vereint. In seiner abwechslungsreichen Geschichte war das Schloss Sitz des Staatsoberhaupts, aber auch Tagungsort des Parlaments.

Zu Kriegsbeginn beschädigten deutsche Bomben das Gebäude 1939 schwer. Fünf Jahre später sprengten die Nazis die Ruinen. Der Sejm, Polens Parlament, beschloss nach dem Krieg den Wiederaufbau. Doch die kommunistischen Herrscher zögerten – ein feudales Schloss wollte nicht so recht in eine sozialistische Volksrepublik passen. Die Warschauer jedoch glaubten an das Projekt. Ihre Hartnäckigkeit zahlte sich aus: Als der Wiederaufbau 1971 begann, flossen reichlich Spenden, auch aus dem Ausland. Inzwischen ist die detailgetreue Rekonstruktion abgeschlossen, die sich großenteils an der frühbarocken Fassung Sigismunds III. orientiert. In den Ausstellungen und Sälen ist sogar ein großer Teil des Originalinterieurs zu bewundern – Möbel, Bilder, Skulpturen, Türen. Mutige Warschauer hatten die Einrichtungsgegenstände 1939 in Sicherheit gebracht. *Kernzeiten tgl. 10–16 Uhr, im Sommer länger, Okt.–April Mo geschl. | 30 Zł., Mi Eintritt frei | Plac Zamkowy 4 | www.zamek-krolewski.pl | Bus 175, 180, 503 Plac Zamkowy*

4 SANKT-ANNEN-KIRCHE (KOŚCIÓŁ ŚW. ANNY W WARSZAWIE) ★

(121 D3) *(D–E5)*

Dieses Schmuckkästchen liegt am Eingang zur Altstadt. Ein barocker Rausch empfängt Sie im Inneren: vergoldeter Schmuck an Wänden und Stirnseiten, ein prachtvoller Altar, üppig ausgemalte Deckengewölbe. Wegen der guten Akustik und der wunderschönen Orgel finden hier oft Konzerte statt. Sankt Annen ist eine der ältesten Kirchen Warschaus: Der Bau wurde schon 1454 im gotischen Stil begonnen, später kam es mehrfach zu Umgestaltungen. Ihr barock-klassizistisches Aussehen erhielt die Fassade erst 1788; nach der Zerstörung im Krieg wurde sie zwischen 1946 und 1962 wieder neu errichtet.

Offiziell ist Sankt Annen nicht die wichtigste Kirche der Stadt und auch vergleichsweise klein, doch sie ist von großer Bedeutung für die Warschauer. Auch Papst Benedikt XVI. besuchte Sankt Annen bei seiner Polenreise im Mai 2006. Ein halbes Jahr nach der Flugzeugkatastrophe von Smolensk 2010 fand hier ein Holzkreuz seinen Platz, das zuvor als Mahnmal vor dem Präsidentenpalast gestanden hatte. Nach langem politischem Streit um den richtigen Standort ließ Staatschef Bronislaw Komorowski das Erinnerungsstück in eine Seitenkapelle der Kirche schaffen, die von Studenten betreut wird. Vom *Glockenturm (Eintritt 6 Zł | Mai–Okt. Mo–Fr 10–21, Sa/So 11–22, Nov.–April Mo–Fr 10–18, Sa/So 11–18 Uhr)* bietet sich ein weiter Blick auf die Ziegeldächer der Altstadt und auf den Stadtteil Praga rechts der Weichsel mitsamt Nationalstadion. *Krakowskie*

Ein Fest für die Sinne ist der Besuch der Sankt-Annen-Kirche

Przedmieście 68 | www.taraswidokowy.pl | Bus 175, 180, 503 Plac Zamkowy

5 SCHLOSSPLATZ (PLAC ZAMKOWY) (121 D3) (*D5*)

Kurios: Etwas versteckt schräg gegenüber dem Schloss am Beginn der Ulica Senatorska verläuft eine INSIDER TIPP lange Rolltreppe hinunter zur Schnellstraße, die den Platz unterquert. Die Anlage war 1949 die erste elektrische Rolltreppe Polens. Am Eingang der Treppe warten auch die elektrischen „Bimmelbahnen" *(25 Zł./Person)* auf Touristen für eine Tour durch Alt- und Neustadt. Restaurants und Biergärten locken viele Besucher an. Der Schlossplatz mit der Sigismundsäule bildet den Ausgangspunkt des Königswegs. Von hier, mitten in der Stadt, geht es auf der einen Seite hinunter zur Weichsel und zum Schloss, auf der anderen beginnt die alte Stadtmauer, auf deren Resten Sie entlangspazieren können. *Bus 175, 180, 503 Plac Zamkowy*

6 SIGISMUNDSÄULE (KOLUMNA ZYGMUNTA) (121 D3) (*D5*)

König Sigismund III. kann die Liebespaare schon nicht mehr zählen, die er von seiner fast 22 m hohen Säule aus über die Jahrzehnte gesehen hat. Die Warschauer Tradition will es so, dass man sich hier zum ersten Date trifft. In letzter Zeit sieht er freilich meist Inlineskater, Souvenirverkäufer und Touristen. Warschaus ältestes weltliches Denkmal entstand 1644 mitten auf dem Schlossplatz und ehrt den Monarchen aus der Wasa-Dynastie für die Verlegung der Hauptstadt von Krakau nach Warschau. Von der Säule aus werden alle offiziellen Entfernungen zwischen Warschau und dem Rest des Lands gemessen. Zugleich ist sie ein idealer Startpunkt für Stadtspaziergänge. *Plac Zamkowy | Bus 175, 180, 503 Plac Zamkowy*

NEUSTADT (NOWE MIASTO)

In der Altstadt residierten früher die reichen Kaufleute, die Neustadt war das Quartier der Handwerker. Doch dieses Viertel mit seinen Kopfsteinpflastern, den niedrigen Häusern, Restaurants, Lokalen und Kirchen hat seinen ganz eigenen Charme, den inzwischen auch die Touristen für sich entdeckt haben.

Schon an den Fassaden erkennen Sie den Unterschied: Die sind nämlich weit weniger repräsentativ als auf der anderen Seite des Neustädtischen Tores und der Barbakane, einer im 16. Jh. errichteten Verstärkung des eigentlichen Tors.

Etwas abseits vom Besucherstrom liegt der mehr als 600 Jahre alte Marktplatz, der *Rynek Nowego Miasta* (Neustadtmarkt). Entstanden ist dieser Teil Warschaus zu Beginn des 15. Jhs. Die Hauptstraße der Neustadt ist die *Ulica Freta*, früher war sie der Handelsweg von Warschau in Richtung Norden. Der Name der Straße soll sich von dem deutschen Wort „Freiheit" ableiten, mit dem die freien Märkte vor den Toren der Altstadt bezeichnet worden seien. Heute geht es zwischen den Geschäften mit Kunsthandwerk, Galerien und kleinen Restaurants schon fast genauso betriebsam wie in den alten Zeiten zu. Über die Ulica Boleść schlendern Sie hinunter zum *Multimedialen Fontänenpark*, der dank seiner farbigen Beleuchtung und Laserprojektionen besonders im Dunkeln Spaß macht.

1 HEILIGGEISTKIRCHE (KOŚCIÓŁ ŚW. DUCHA) (120 C2) (*M D4*)

Etwas Außergewöhnliches vorneweg: An der Mauer zur Kirche „klebt" ein zwei Jahrhunderte alter Kiosk. Er besitzt eine eigene Hausnummer und gilt daher als das kleinste Gebäude Warschaus. Die Kirche des Paulanerordens besteht seit gut 300 Jahren und war von Beginn an alljährlich der Ausgangspunkt für alle Warschauer Pilger, die sich auf den tagelangen Fußmarsch nach Tschenstochau machten, dem wichtigsten polnischen Wallfahrtsort. *Ulica Długa 3 | Bus 108, 175, 503 Plac Krasińskich*

2 KRASIŃSKI-PALAIS (PAŁAC KRASIŃSKICH) (120 B2) (*M C5*)

Den schönsten Barockpalast Warschaus entwarf 1677 der Niederländer Tylman van Gameren. An der prachtvollen Fas-

Bummeln vor der Kulisse der Dominikanerkirche Sankt Jacek: die Freta-Straße in der Neustadt

sade wirkte auch ein junger Künstler mit, der später in Berlin berühmt werden sollte: Andreas Schlüter. Heute beherbergt das von einem schönen Garten umgebene Palais am westlichen Rand der Neustadt die Nationalbibliothek. Zu deren Schätzen zählen Drucke aus dem 11. Jh. und eine kostbare Handschriftensammlung. Gegenüber dem barocken Palais wird Ihnen sofort die moderne grüne Spiegelfassade des Obersten Gerichtshofs auffallen. Über die Ulica Barokowa gelangen Sie in den Garten des Palais. Neben dem Sächsischen Garten ist er einer der ersten öffentlichen Parks in Warschau (1766), den früher die Bevölkerung des jüdischen Viertels gern besuchte. *Bibliothek in der Regel Mo–Sa 8.30–20.30 Uhr | Eintritt frei | Plac Krasińskich 3/5 | Bibliothek: www.bn.org.pl | Bus 178, 180, 503 Plac Krasińskich*

3 INSIDER TIPP MUSEUM MARIE CURIE (MUZEUM MARII SKŁODOWSKIEJ-CURIE)

(120 C1) (*D4*)

Jedes Kind in Polen kennt Maria Skłodowska. Außerhalb des Lands ist sie unter dem Namen Marie Curie bekannt. Die Polin heiratete, zog mit ihrem Mann nach Frankreich und wurde als Pionierin auf dem Forschungsgebiet der Radioaktivität weltberühmt. In dem Haus in der Warschauer Neustadt, in dem sie geboren wurde, ehrt ein Museum das Andenken der zweifachen Nobelpreisträgerin. Die Ausstellung zeigt Fotos ihres Lebens, persönliche Gegenstände sowie Nachbauten eines Reaktors und ihres ersten Laboratoriums. Allerdings konzentriert sich das Museum eher auf das Privatleben von Marie Curie. Die Innenräume sind im Stil der damaligen Zeit gehalten.

Die Fassade des Obersten Gerichtshofs sorgt für interessante Spiegeleffekte

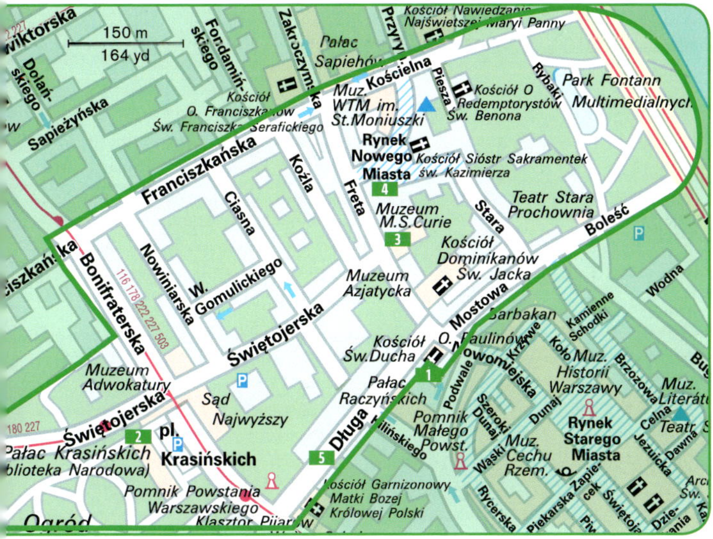

SEHENSWERTES IN DER NEUSTADT (NOWE MIASTO) — Fußgängerzone

- **1** Heiliggeistkirche
- **2** Krasiński-Palais
- **3** Museum Marie Curie
- **4** Neustadtmarkt
- **5** Ulica Długa

Sept.–Mai Di–So 9–16.30, Juni–Aug. Di–So 10–19 Uhr | Eintritt 11 Zł. | Ulica Freta 16 | en.muzeum msc.pl | Bus 180, 503, 518 Plac Krasińskich

4 NEUSTADTMARKT (RYNEK NOWEGO MIASTA) (120 C1) (*D4*)

Hier und in der Ulica Freta werden auch Sie sich garantiert in eines der gemütlichen Cafés oder in eine der Kneipen setzen wollen. An Sommerabenden sorgen Gratiskonzerte für eine schöne Atmosphäre. Für diesen Platz gilt das Gleiche wie für die allermeisten Gebäude Warschaus: Was auf den ersten Blick historisch aussieht, ist meist relativ neu, da nach dem Krieg alles in Schutt und Asche lag. Das Haus an der Ecke von Markt und Ulica Freta z. B. wurde exakt nach einem Gemälde Canalettos renoviert. Den Platz selbst ziert ein Brunnen aus Gusseisen aus der zweiten Hälfte des 19. Jhs., der hier aber erst 1958 aufgestellt wurde. An der kleinen Straße Przyrynek gleich hinter dem Marktplatz versteckt sich die älteste Kirche Warschaus: Mariä Heimsuchung. Von dort haben Sie INSIDER TIPP einen herrlichen Blick hinunter auf die Weichsel. *Bus 180, 503, 518 Plac Krasińskich*

5 ULICA DŁUGA (120 C2) (*C–D 4–5*)

Spazieren Sie doch mal von der Neustadt durch die „Lange Straße". Vor dem Krieg war sie bekannt für ihre schönen Hotels und Geschäfte. Im Hotel Polski (Nr. 29) bekamen viele Warschauer Juden gegen hohe Bezahlung ausländische Pässe und konnten so dem sicheren Tod entgehen. Auf der anderen Straßenseite liegt das barocke Palais „Zu den vier Winden"

(Pałac Pod Czterema Wiatrami). Das Tor des Palais schmücken figürliche Darstellungen der Winde: Notos, Boreas, Zephyr und Euros. Durch die Ulica Długa erreicht man auch das *Denkmal zum Gedenken an die Helden des Warschauer Aufstands von 1944 (Pomnik Powstania Warszawskiego). Bus 175, 180, 503 Plac Krasińskich, Metro Ratusz Arsenał*

RUND UM DEN KÖNIGSTRAKT

Die Warschauer überlassen die Altstadt meist den Touristen. Wenn die Einheimischen an einem sonnigen Tag flanieren wollen, gehen sie auf den Königstrakt. Mitten durch dieses Stadtviertel verlaufen Warschaus Prachtstraßen Nowy Świat und Krakowskie Przedmieście *(siehe auch Erlebnistour Nr. 2 „Auf dem Königsweg").* In der Seitenstraße Foksal liegen bekannte Cafés und Restaurants, die an milden Sommerabenden mit ihren ausufernden Terrassen zum Laufsteg für die Schönen und die Prominenz der Stadt werden. In der *Ulica Chmielna,* der einzigen wirklichen Fußgängerzone Warschaus, öffnen immer mehr Boutiquen ihre Türen. Wollen Sie ein wenig Geld für die schönen Nebensachen des Lebens ausgeben? Dann sind Sie hier goldrichtig. Im Sommer werden sogar schon mal Catwalks für Modenschauen auf dem *Nowy Świat* aufgebaut. Dort stehen auch die noblen Bürgerhäuser, die der Straße ein Pariser Flair verleihen. Doch die Gebäude sind nach dem Zweiten Weltkrieg nur an der Hauptstraße entlang wieder aufgebaut und in den letzten Jahren restauriert worden. Wenn Sie durch einen der zahlreichen Torbögen treten und einen Blick in die INSIDER TIPP Hinterhöfe wagen, sehen Sie tristes Einheitsgrau des sozialistischen Wohnungsbaus. Und doch haben die Höfe auch ihren ganz eigenen, maroden Charme. Allerdings haben die Besitzer erkannt, dass sich mit dem Vermieten von Büros mehr Geld verdienen lässt als mit Wohnungen. Deshalb wohnen in diesem Viertel immer weniger Leute.

1 GALERIA FOKSAL ●
(124 B5) *(📖 E7)*

Die äußerlich unscheinbare Galerie, versteckt im einstigen Zamoyski-Palais, setzt seit Jahrzehnten Trends in der polnischen Avantgardekunst. Internationale Größen

EINFACH MAL AUSZEITEN

Im ● *Riverview Wellness Center* **(126 B2)** *(📖 **D8**) (Mo–Fr 6–23, Sa/So 7–21 Uhr | Ulica Emilii Plater 49 | Tel. 22 32 28 86 40 | www.riverview.com.pl | Metro Centrum)* des Hotels Intercontinental lassen sich die Gäste nicht nur von den Wellnessprogrammen verwöhnen, sondern genießen auch eine einmalige Sicht auf ganz Warschau: Schließlich befinden sie sich im 43. und 44. Stockwerk des Gebäudes. Auf mehr als 1000 m² finden Sie außer Fitness-Equipment auch einen Swimmingpool und Jacuzzi, eine Sauna, ein Dampfbad und ein Schönheitscenter. Das Personal Training (einmaliger Eintritt) kostet umgerechnet ca. 25–50 Euro.

Warschau von seiner entspannten Seite: die Einkaufsstraße Krakowskie Przedmiescie

wie Joseph Beuys stellten hier schon aus. Die Galerie ist bei Insidern landesweit bekannt, während das breite Publikum noch nicht einmal in Warschau ihren Stellenwert einzuschätzen weiß. Sie ist auch ein Ort für ausgefallene Installations- und Filmprojekte. *Mo–Mi, Fr 12–18, Do 12–19 Uhr | Eintritt frei | Ulica Foksal 1/4 | www.galeriafoksal.pl | Bus 175, 180, 503 Foksal*

2 GALERIA ZACHĘTA ★

(121 D6) *(🗺 D6)*

Das prachtvolle Gebäude mit frisch renovierter Fassade nahe dem Grab des Unbekannten Soldaten, 1899–1903 als Sitz eines Kunstvereins gebaut, wird Sie allein schon wegen seiner Architektur begeistern. Die Galeria Zachęta ist Polens größte und angesehenste Kunstgalerie, bietet wechselnde Ausstellungen moderner Kunst, nicht selten mit Werken von internationalem Rang, etwa von Henri de Toulouse-Lautrec, Pablo Picasso, Paul Cézanne, Roy Lichtenstein, Max Ernst oder Fernand Léger. Zum festen Bestand der Zachęta gehören 700 Gemälde, 2900 Grafiken, Zeichnungen, Radierungen sowie Skulpturen, Videoinstallationen und Stoffe – mit Schwerpunkt auf den 1960er- und 1970er-Jahren. Sonderausstellungen sind oft historischen Themen gewidmet. Die Galerie selbst schrieb auch schon Geschichte. 1922 wurde hier der erste Präsident der Republik Polen, Gabriel Narutowicz, ermordet. *Di–So 12–20 Uhr | 15 Zł., Do Eintritt frei | Plac Małachowskiego 3 | www.zacheta.art.pl | Bus 102, 105, 107, 174, 178 Zachęta*

3 GROSSES THEATER (TEATR WIELKI)

(120 C4) *(🗺 D5–6)*

Der Name sagt eigentlich schon alles: Hier finden Sie einen der größten Theatersäle Europas. 1828 Zuschauern bietet der Moniuszko-Saal Platz. Dort haben die Nationaloper und das Staatsballett ihre Spielstätte. Hinzu kommen zwei kleinere Kammeropernsäle mit 248 bzw. 300 Sitzen. Und auch das separate Nationaltheater findet in dem klassizistischen Gebäude, das im Weltkrieg zerstört und später rekonstruiert wurde, noch Raum. Gespielt wird im Boguslawski-Saal mit 625 Plätzen. Alle Ensembles haben sich im Lauf der Zeit einen europäischen Spitzenruf erarbeitet. Die wechselvolle Geschichte der Bühnen und ihrer Inszenierungen, der Schauspieler und Kostüme bereitet das ● *Theatermuseum (Mo–Fr 10–18, Sa 10–15 Uhr, Öffnungszeiten können variieren, sprechen Sie das Personal an | Eintritt frei)* in dem Gebäudekomplex auf. Der vorgelagerte *Theaterplatz (Plac Teatralny)* ist ein beliebter Ort für Open-Air-Veranstaltungen oder politische Kundgebungen.

Auf der Rückseite des Teatr Wielki setzt das *Metropolitan-Gebäude* **(117 D5)** ***(🗺 D6)*** *(www.metropolitan.waw.pl)* einen Kontrapunkt zu dem Kulturtempel. Das futuristische Geschäftshaus des britischen Stararchitekten Sir Norman Foster gibt sein Geheimnis nicht sofort preis. Erst wer den offenen INSIDER TIPP Innenhof mit den aufwendigen Wasserspielen betritt, wird sich der Dimension des Gebäudes bewusst. *Plac Teatralny 1 | www.teatrwielki.pl | Bus 111, 174, 222 Plac Teatralny*

4 HEILIGKREUZKIRCHE (KOŚCIÓŁ ŚW. KRZYŻA) ★ (121 E6) *(🗺 E6)*

Dass hier die größte Orgel Warschaus zu finden ist, mag ein interessanter Superlativ sein. Wirklich berühmt ist die Kirche aber für etwas ganz anderes: Hier wird das Herz von Frédéric Chopin aufbewahrt, wie es der polnische Nationalkomponist verfügte. Sein Köper liegt in Paris begraben. Auf dem Chopin-Epitaph in der Kirche stehen ein Zitat aus dem Matthäus-Evangelium: „Wo Dein Schatz, da ist auch Dein Herz" sowie die Inschrift „Für Frédéric Chopin – die Landsleute". Jeden Sonntag werden die Messen im Radio übertragen. Die Barockkirche aus dem 17. Jh., erbaut nach dem Vorbild der römischen Sankt Andrea Della Valle, ist eine der wichtigsten Warschaus. Den Grundstein legte König Jan III. Sobieski, Retter Wiens vor den Türken. Zu bewundern ist übrigens auch noch eine beeindruckende Kapelle zu Ehren von Papst

Das Große Theater – ein klassizistischer Blickfang

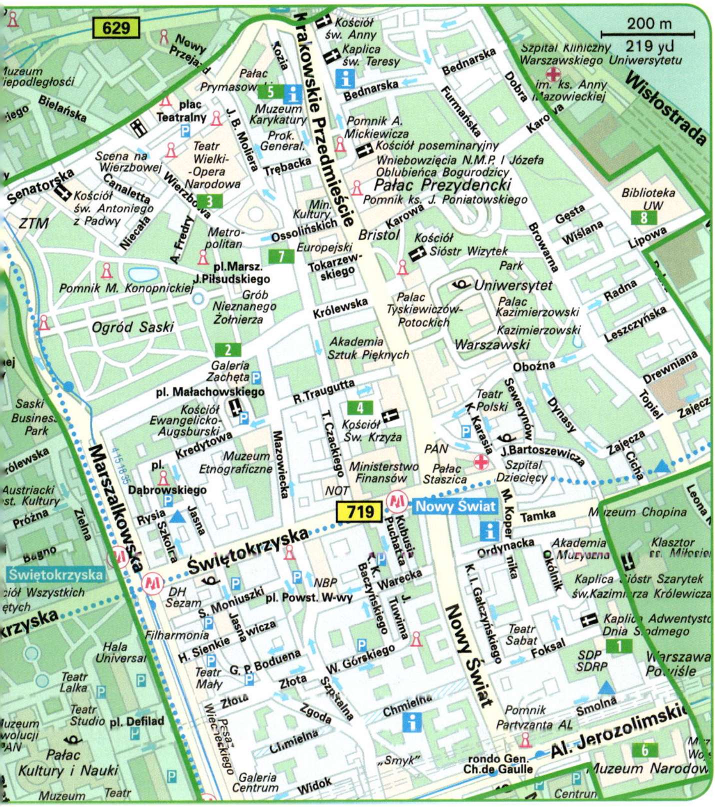

SEHENSWERTES IN MARIENSZTAT

Fußgängerzone

- **1** Galeria Foksal
- **2** Galeria Zachęta
- **3** Großes Theater
- **4** Heiligkreuzkirche
- **5** Karikaturenmuseum
- **6** Nationalmuseum
- **7** Plac Piłsudskiego
- **8** Universitätsbibliothek

Johannes Paul II, und zwar beim Eingang gleich links. *Krakowskie Przedmieście 3 | Bus 175, 180, 503 Uniwersytet*

5 KARIKATURENMUSEUM (MUZEUM KARYKATURY)

(121 D4) (*🕮 D5*)

Eine Perle der Warschauer Museumsszene, allein schon wegen der Lage in der urigen Kozia-Straße *(Ulica Kozia)* nahe der Altstadt, aber auch, weil es in ganz Europa nur wenige Karikaturenmuseen gibt. Wer Museen langweilig findet – eigentlich müsste es „Cartoon-Ausstellung" heißen. Hier sehen Sie wechselnde Karikaturen und (nicht immer jugendfreie) satirische Zeichnungen – manchmal vielleicht schwer verständlich für Nicht-Polen, aber immer spannend. Zum festen Repertoire von einem der jüngsten Museen der Stadt, gegründet 1978, gehören 20 000 Werke, vom 18. Jh. bis heute. *Di–So 10–18 Uhr | 7 Zł., Di Eintritt frei | Ulica Kozia 11 | www.muzeumkarykatury.pl | Bus 180, 518 Plac Zamkowy*

6 NATIONALMUSEUM (MUZEUM NARODOWE)
(124 B6) ***(🕮 E–F 7–8)***

Eins der größten und bedeutsamsten Museen Polens. Das Gebäude wurde 1926 gebaut und architektonisch im strengen Stil der neuen Sachlichkeit auf die Nutzung als Museum ausgerichtet. Die heutige Ausstellung umfasst eine Gemäldegalerie u. a. mit Bildern von Rembrandt, Leonardo da Vinci und Lukas Cranach.

LOW BUDG€T

Die ● Fähren über die Weichsel, die mindestens von Mai bis August fahren, sind kostenlos. Anleger finden sich an der Promenade unterhalb des Königsschlosses **(121 E2)** ***(🕮 E5)*** und im Süden an der Poniatowski-Brücke **(129 E5)** ***(🕮 G7)***. Zielpunkte sind die Strände am rechten Weichselufer und das Nationalstadion. *Bus 118, 185, 111, 117, 185 Podzamcze Most Poniatowskiego*

Eine Fahrt mit dem ● *Bus der Linie 180* verschafft Ihnen einen idealen Überblick über die Stadt. Er passiert jede Menge Sehenswürdigkeiten. Kleine Hinweistafeln im Bus markieren zudem die Stationen, an denen es sich lohnt, auszusteigen. Das Einzelticket (das Sie direkt im Bus oder am Automaten an den Haltestellen bekommen) kostet 4,40 Zł. und gilt 75 Minuten.

Doch auch die polnische Malerei von der Renaissance bis in die Moderne ist sehenswert. *Di–Do, Sa/So 10–18, Fr 10–21 Uhr | 20 Zł., Di Eintritt frei | Aleje Jerozolimskie 3 | www.mnw.art.pl | Bus 116, 180, 503 Foksal*

7 PLAC PIŁSUDSKIEGO ★
(121 D5) ***(🕮 D6)***

Ein sehr großer, sehr leerer Platz, benannt nach dem Marschall, der Polen 1918 in die Unabhängigkeit führte. 2016 demonstrierten dort Zehntausende gegen die Regierung, 2010 versammelten sich nach der Flugzeugkatastrophe von Smolensk über 100 000 Menschen zur staatlichen Trauerfeier. Eine größere Menge hat der Platz wohl nur 1979 gesehen. Damals sprach der inzwischen heiliggesprochene polnische Papst Johannes Paul II. dort seine berühmten Worte: „Fürchtet euch nicht!" Seine Landsleute nahmen ihn beim Wort und entfesselten 1980 den Solidarność-Aufstand. Am östlichen Ende des Platzes erinnert ein schlichtes Kreuz an die historische Pilgerreise.

Am Westende befindet sich das *Grab des Unbekannten Soldaten,* eine Stätte zum Gedenken an im namenlosen Kampf um die Freiheit Polens gefallene Helden. Das symbolische Grabmal, an dem eine ewige Flamme brennt, liegt unter den Arkaden des ehemaligen *Sächsischen Palais*. Bewacht wird es von Soldaten, der feierliche Wachwechsel ist immer sonntags um 12 Uhr. Alles war hier in bester Ordnung, bis 2018 die Regierung gegen den Willen der Stadt Warschau nahe der ewigen Flamme ein Denkmal für die Smoleńsk-Opfer errichten ließ. Die einen verspotten die abrupt endende, steile schwarze Treppe als „Stairway to Heaven", die anderen sehen eine angemessene Ehrung der Toten.

Die Arkaden bilden den Eingang zum INSIDER TIPP *Ogród Saski*. Der kleine

So eindrucksvoll können Bücher sein: die Fassade der Universitätsbibliothek

Sächsische Garten wurde vor 300 Jahren im Auftrag des Sachsenkönigs August II. angelegt und 1727 als erster Park in Warschau für die Öffentlichkeit geöffnet. Allegorische Skulpturen, ein Brunnen, eine Sonnenuhr und verschiedene Denkmäler zieren die hübsche Grünanlage. Lassen Sie hier für eine Weile einfach die Stadt Stadt und die Geschichte Geschichte sein und lehnen Sie sich zurück! *Bus 111, 116, 180, 222 Plac Piłsudskiego*

8 UNIVERSITÄTSBIBLIOTHEK (BIBLIOTEKA UNIWERSYTECKA)

(121 F4) ***(🕮 E–F6)***

Etwas abseits, unterhalb des Königswegs im heutigen Trendviertel Powiśle, wurde 1999 die neue Universitätsbibliothek eröffnet. Die Einweihungsrede hielt Papst Johannes Paul II., dessen Unterschrift bis heute im Gästebuch der Bibliothek prangt. Deren hellgrüne Fassade mit aufgeschlagenen Büchern und Inschriften in verschiedenen Sprachen, Musiknoten, mathematischen Zeichen sowie einem violetten Kunstgerüst daneben symbolisiert die Vielfalt der bibliophilen Schätze, die in diesem Haus gehütet werden. Höhepunkt des Ensembles ist der *Bibliotheksgarten,* eine grüne Oase inmitten der Großstadt. Verwinkelte Wege und Pflanzentunnel führen vorbei an botanischen Raritäten und kleinen Wasserbiotopen hin zu Aussichtspunkten mit schönem Blick auf die Weichsel und das Stadtzentrum.

Über eine lange Treppe (es gibt auch einen Fahrstuhl) gelangen Sie hinauf zum ● *Dachgarten*. Dort können Sie durch die großen runden Fenster in den Hauptsaal der Bibliothek hinabblicken, wo die Studenten unter dem imposanten Glas-Stahl-Gewölbe ihren Lesestoff zusammensuchen. *Ulica Dobra 56/66 | www.buw.uw.edu.pl | Bus 105, 118, 128 Biblioteka Uniwersytecka*

DIE NEUE MITTE

Hier kracht alles aufeinander – alt und neu, schäbig und glitzernd, reich und arm. Keiner der Stadtväter hat sich in den vergangenen Jahrzehnten wirklich Gedanken um dieses Quartier gemacht. Das mag der Grund sein, weshalb zwischen den Hauptverkehrsadern *Ulica Marszałkowska* und *Aleja Jana Pawła II.* (Johannes Paul II.) architektonische Wunderwerke und Bausünden geballt zu finden sind. Die Planlosigkeit hatte aber auch zur Folge, dass nach den Zerstörungen des Krieges zahlreiche äußerst wertvolle Grundstücke im absoluten Zentrum der Stadt brachlagen oder nur provisorisch bebaut wurden. So konnte in den letzten Jahren Warschaus neue Mitte entstehen – mit modernen bis futuristischen Hochhäusern wie dem kühn geschwungenen *Złota 44* von Daniel Libeskind. Und inmitten all der neuen Pracht hält der *Kulturpalast* als Warschauer Flaggschiff seine Stellung. Hier prallen auch die Sonnen- und die Schattenseiten des neuen Warschau aufeinander. Die Gegend um Hauptbahnhof und Kulturpalast ist noch immer so etwas wie die Heimat vieler Obdachloser. Wenige Hundert Meter weiter arbeiten in glitzernden Bürotürmen die Gewinner der Systemtransformation oder logieren in Nobelhotels die bestbetuchten Besucher der Hauptstadt. Doch in gewisser Weise trägt diese „Mixed Zone" auch zur Verständigung verschiedener gesellschaftlicher Gruppen bei. In der Mittagspause und auf dem abendlichen Nachhauseweg verlassen die Banker ihre spiegelverglasten Trutzburgen und stellen sich geduldig in die Schlangen vor den Kebabständen, die sich inzwischen zuhauf auch hier breitgemacht haben.

1 KULTURPALAST (PAŁAC KULTURY I NAUKI) ★ (126 B2) (*D7–8*)

Obwohl die Warschauer dem Bau lange mit Widerwillen begegneten, avancierte er zum Wahrzeichen der Stadt. Daran änderten auch die futuristischen Wolkenkratzer in der direkten Nachbarschaft nichts – seinen Gegnern zum

SPORT-SCHAU

Die Warschauer sind mindestens so sportbegeistert wie alle anderen Polen. So fiebern sie etwa nicht nur mit ihren nationalen Handballern mit, sondern auch mit den Volleyballern von *AZS Politechnika Warszawska (www.azspw.com, Heimspiele in der UCSIR Arena im Südwarschauer Stadtteil Ursynów)*. Regent aber bleibt König Fußball. Die Spiele des Warschauer Topvereins und vielfachen polnischen Meisters *Legia Warszawa (www.legia.com)* sehen Sie in dessen Stadion an der Łazienkowska-Straße, mit etwas Glück sogar ein Europa-League-Spiel. Beim zweiten Warschauer Verein *Polonia Warszawa* gibt es meist „nur" Ligaspiele in der Ekstraklasa zu bejubeln, dem polnischen Gegenstück zur Bundesliga. Viele Heimspiele der polnischen Nationalelf werden in dem gut 55 000 Menschen fassenden *Nationalstadion (www.pgenarodowy.pl)* ausgetragen. Oft gibt es noch Restkarten am Tag des Spiels.

Noch immer eines der größten Gebäude Europas: der kolossale Kulturpalast

Trotz, die hofften, der Kulturpalast würde langsam, aber sicher zugebaut. Errichtet wurde der Koloss 1952–1955 auf Geheiß Stalins, entworfen von einem sowjetisch-polnischen Architektenkollektiv nach dem Vorbild der Moskauer Lomonossow-Universität. Der Monumentalbau war zur Entstehungszeit eines der größten Gebäude Europas: 230,68 m Höhe inklusive Spitze, 42 Etagen, 3288 Räume, 1 Mio. m^3 umbauter Raum. Immer noch ist es das höchste Haus Polens. Besucher gelangen mit einem Fahrstuhl in die 30. Etage auf 114 m Höhe – mit einem einzigartigen Panoramablick auf Warschau *(Terrasse tgl. 10–20, Mai–Sept. Fr, Sa bis 23 Uhr | Tickets in der Lobby, Eintritt 20 Zł.)*. Zur Jahrtausendwende wurde die zweitgrößte Uhr Europas am Turm enthüllt: Ihre vier Zifferblätter haben einen Durchmesser von je 6 m.

Der Komplex beherbergt drei Theater, mehrere Museen, ein Kino und einen Kongresssaal mit 2800 Plätzen, dessen Kassettendecken und mächtige Kronleuchter sozialistischen Kitschprunk konservieren: ein Bild wie aus der Zeit gefallen. Im zur Zeit des Redaktionsschlusses gerade zur Modernisierung geschlossenen Kongresssaal begeisterten bereits die Rolling Stones und Marlene Dietrich ihr Publikum. Die Website bietet einen virtuellen Rundgang durchs Gebäude.

Auf dem *Paradeplatz (Plac Defilad)* vor dem Kulturpalast – bei großen Fußballturnieren gigantische Fanmeile – wurden einst die pompösen Demonstrationen mit kommunistischer Politprominenz abgehalten. Rings um den Palast gibt es bis heute große Freiflächen, für deren Bebauung schon viele Ideen, aber noch keine konkreten Pläne existieren. Einstweilen werden sie als Parkplätze genutzt *(1. Std. 5 Zł.)*. *Plac Defilad 1 | www.pkin.pl | Metro Centrum*

2 NOŻYK-SYNAGOGE
(126 B1) *(C7)*

Das einzige jüdische Tempel (von einst mehr als hundert), der den Zweiten Weltkrieg überstand, ist nach seinem Gründer Zalman Nożyk benannt. Er ist gut hundert Jahre alt und Sie müssen ihn ein wenig suchen im Hintergrund von Twarda-

Straße und Grzybowski-Platz Während der deutschen Besatzung Warschaus war die Synagoge Teil des sogenannten kleinen Ghettos. Die Nazis verwendeten sie als Pferdestall und Kornspeicher. Erst 1977 wurde sie renoviert und gehört heute wieder der jüdischen Gemeinde. Hinter der Synagoge wurde ein Gemeindezentrum angebaut, durch das man das Gebäude betritt. Die Mauern, die Balustrade und die Säulen des Innenraums sind ganz in Weiß gehalten. In direkter Nachbarschaft liegen auch ein jüdisches Theater und ein jüdisches Café-Restaurant. *Besichtigung Mo–Fr, So 9 Uhr bis kurz vor Sonnenuntergang | Eintritt 10 Zł. | Ulica Twarda 6 | www.warszawa.jewish.org.pl | Bus 102 Plac Grzybowski*

Blickt auf wechselhafte Zeiten zurück: die hell leuchtende Nożyk-Synagoge

3 PLAC BANKOWY (120 B4) (*C6*)

Der weiträumige Bankenplatz lebt von seinen Gegensätzen. Westlich liegt der klassizistische ehemalige Sitz der Börse aus dem 19. Jh. Die Fassade besteht aus zwei Etagen von Bogengängen. Heute finden Sie hier das Museum zu Ehren Johannes Pauls II.: *Muzeum Kolekcji Im. Jana Pawla II. (Di–Fr 10–16 Uhr, Sa, So nur mit Führung | 12 Zł., 1. So im Monat Eintritt frei | Plac Bankowy 1 | www.mkjp2.pl)*. Zu sehen sind Skulpturen, Grafiken und Malerei aus fünf Jahrhunderten: Dürer, de Goya, Tizian, van Dyck. Im Hintergrund des Plac Bankowy verbergen sich die Ruinen der Nationalbank. Architektonischer Leuchtturm des Platzes ist ein spiegelglasblauer Wolkenkratzer, das erste wichtige Hochhaus Polens nach der Öffnung des Eisernen Vorhangs. Der Bau war umstritten – auch weil an der Stelle früher eine Synagoge stand; eine Gedenktafel erinnert daran. In dem weißen Palast aus dem 19. Jh. gegenüber sitzen heute die Warschauer Verwaltung und das Stadtoberhaupt. Auf der anderen Seite der Kreuzung steht das *Arsenal*, einst Offiziersschule und Gestapo-Gefängnis und heute *Archäologisches Museum (Mo–Fr 9–16, So 10–16 Uhr | Eintritt 10 Zł., So Eintritt frei | www.pma.pl)*. *Metro Ratusz Arsenał*

4 TECHNIKMUSEUM (NARODOWE MUZEUM TECHNIKI) (126 B2) (*D8*)

Das einstige Museum für Technik und Industrie im Kulturpalast wurde kürzlich geschlossen – es war verschuldet und die Räume dringend sanierungsbedürftig. Schon 2018 sollte der Nachfolger eröffnet sein, doch zur Zeit des Redaktions-

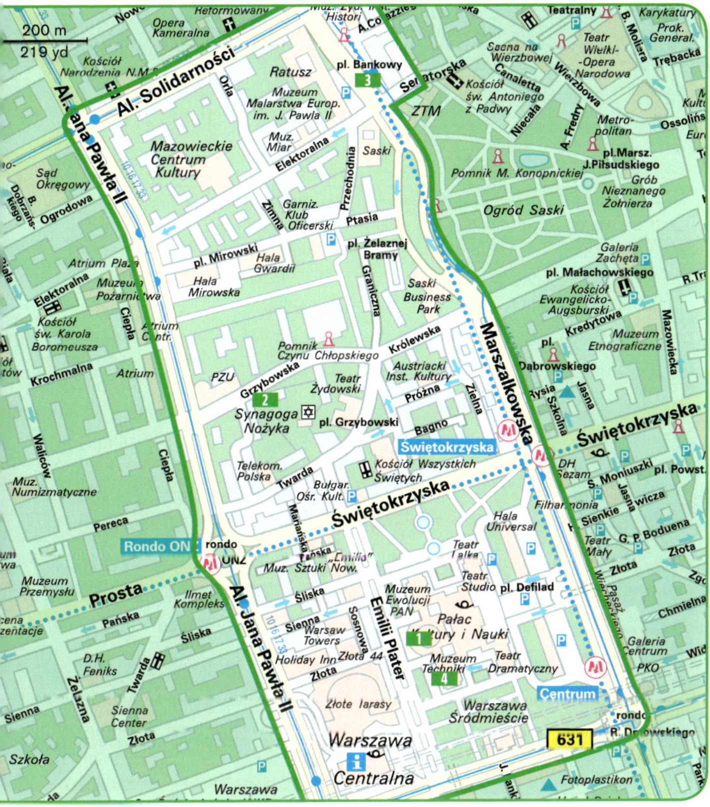

SEHENSWERTES IN DER NEUEN MITTE

- **1** Kulturpalast
- **2** Nożyk-Synagoge
- **3** Plac Bankowy
- **4** Technikmuseum

schusses gilt 2019 als frühestes Datum. Dann können Sie beispielsweise wieder die berühmte Dechiffriermaschine Enigma aus dem Zweiten Weltkrieg bewundern oder auch das „gläserne Fräulein", an dem die Funktionen der menschlichen Organe demonstriert werden. Wie in allen anderen Einrichtungen, die im Kulturpalast ihren Sitz haben (Kino, Kongresssaal), lohnt sich der Besuch allein deshalb, um den gigantomanischen Bau der Stalin-Ära einmal in Ruhe von innen betrachten zu können. *Pałac Kultury i Nauki | Plac Defilad 1 | Metro Centrum*

PRAGA

Der Ruf als ziemlich verruchte Ecke ist dahin – heute regieren hier alternative Szene, Kunst und Kultur. ★ Praga gilt inzwischen als In-Viertel

Dabei hat der Stadtteil sein ursprüngliches Gesicht bewahrt, weil auf dieser Seite der Weichsel im Zweiten Weltkrieg die meisten Häuser unzerstört geblieben sind. Ein spannender Weg führt durch die INSIDER TIPP Nebenstraßen Ulica Ząbkowska und Ulica Brzeska. Hier finden Sie sowohl frisch renovierte Häuser mit Kneipen und Lokalen als auch noch der Charakter des alten Praga: bröckelnde Fassaden und gusseiserne Balkone, die im Sommer oft mit Geranien zugewachsen sind.

Mit seinem leicht morbiden und gleichzeitig alternativen Charme lockt Praga Künstler und Intellektuelle aus ganz Polen an. Ein Beispiel für diese Entwicklung ist die *Wodkafabrik Koneser*, in der einst das polnische Nationalgetränk destilliert wurde. Inzwischen ist dort ein Kulturzentrum untergebracht. Auch in der *Fabryka Trzciny* treten heute hochkarätige Musiker auf. Und seit sich das *Nationalstadion* über dem Weichselufer erhebt, hat sich das Leben zunehmend dem Fluss angenähert, zumal sich hinter dem Stadion der schicke, an kleinen Kneipen und leckeren Restaurants reiche Bezirk *Saska Kępa* anschließt, einst das Botschaftsviertel der Stadt.

1 BAZAR RÓŻYCKIEGO

(125 D2) (*G4*)

Dieser Markt zählt zu den traditionsreichsten Einrichtungen in Warschau. Seit über hundert Jahren decken sich die Warschauer hier mit allen erdenklichen Dingen ein. Ein wenig steht der Bazar Różyckiego heute im Schatten der moderneren, saubereren Straßenmärkte, die in den letzten Jahren Warschau eroberten. Und vieles, was hier feilgeboten wird, sind inzwischen Billigklamotten und Ramsch. Doch der neue Besitzer will

Bunt, kreativ und unglaublich charmant: typische Straßenszene in Praga

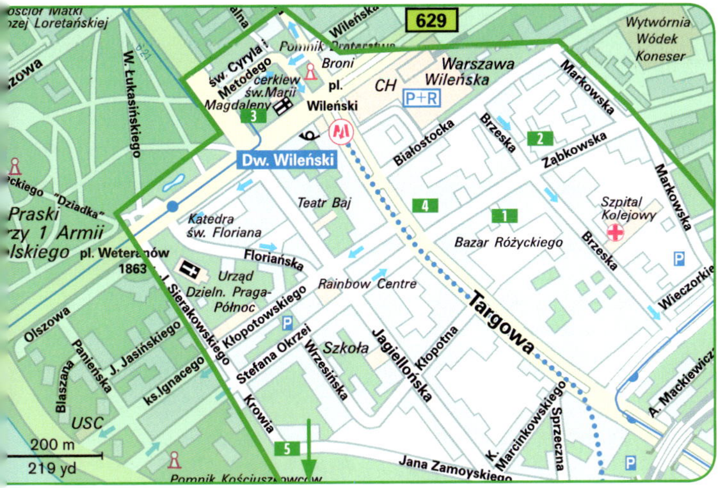

SEHENSWERTES IN PRAGA

- **1** Bazar Różyckiego
- **2** Kulturzentrum Wodkafabrik
- **3** Maria-Magdalena-Kirche
- **4** Marienstatuen
- **5** Nationalstadion

dem Ort neues Leben einhauchen. Extratipp: Vor dem Bazar Różyckiego steht in der Ulica Targowa 50/52 eins der ältesten Hauser Pragas. *Mo–Fr 6–17, Su 6–15 Uhr | Metro Dworzcc Wileński*

2 KULTURZENTRUM WODKAFABRIK KONESER (WYTWÓRNIA WÓDEK KONESER) (125 D2) (*G–H 3–4*)

Bei einem Besuch in Praga sollten Sie nicht vergessen, durch die *Ulica Ząbkowska* zu schlendern. Sie beginnt unweit des Plac Wileński und gilt wegen der vielen alten, zum Teil noch gut erhaltenen Häuser als eine Art Wahrzeichen des Stadtteils. Am auffälligsten ist der rote Ziegelsteinbau der Wodkafabrik Koneser. Ab 1897 produzierte die gleichnamige Firma dort landesweit bekannten Schnaps, doch das Unternehmen wurde nach der politischen Wende zusehends unrentabel. Passend zum Wandel des gesamten Stadtteils gaben die Fabrikherren immer mehr Flächen des Werks für Konzerte, Ausstellungen und andere Veranstaltungen frei. 2009 mussten die Betreiber die Wodkaproduktion einstellen. Seither dienen die alten Industriebauten als Kulturzentrum, das ein Theater, Galerien, ein Antiquariat und ein Technikmuseum beherbergt. Nagelneu ist ein besonderes Schmankerl hinter den neogotischen Fassaden hinzugekommen: das *Museum des Polnischen Wodkas (Muzeum Polskiej Wódki) (So-Do 10–20, Sa 11–21 Uhr | 40 Zł. | muzeumpolskiejwodki.pl)*. Warum gibt es das nicht schon lange, werden Sie sich jetzt fragen – zu Recht! Natürlich wird im Land längst eher Bier getrunken, aber Nationalgetränk bleibt Nationalgetränk. Eine Degustation kostet leider extra (15 Zł.). Dafür können Sie aber an Workshops teilnehmen, etwa wie man mit polnischem Wodka die besten Cocktails mixt oder was zu welchen Speisen passt.

Ulica Ząbkowska 27–31 | www.koneser.eu | Metro Dworzec Wileński

3 MARIA-MAGDALENA-KIRCHE (CERKIEW ŚW. MARII MAGDALENY) (124 C2) (*🗺 F4*)

Die einzige große russisch-orthodoxe Kirche der Stadt, Sitz des Metropoliten von Warschau, erbaut 1869. An den Mauern des mächtigen, gelben Fünfkuppelbaus mit den charakteristischen Zwiebeltürmen scheint der Straßenlärm abzuprallen. Im Innern öffnet sich die stille Welt einer östlichen Mysterienkirche: Der kleine Raum (ohne Sitzbänke, typisch für die Orthodoxie) ist mit Teppichen ausgelegt, die Wände und der Altar sind mit Blattgold und Ikonen überreich geschmückt. Jeden Tag um 16 Uhr können Sie hier einen Gottesdienst erleben mit typischen liturgischen Gesängen, Weihrauch und vielen Kerzen. Auf *www.katedra.org.pl* können Sie einen virtuellen Spaziergang unternehmen. *Aleje Solidarności 52 | Metro Dworzec Wileński*

4 MARIENSTATUEN (125 D2) (*🗺 F–G 3–4*)

In den meisten Hinterhöfen der *Marktstraße (Ulica Targowa)* und auch vieler angrenzender Seitenstraßen finden sich Marienstatuen, die von den Bewohnern mit viel Liebe und Fantasie gepflegt werden. Dabei wird die Grenze zum Kitsch mitunter überschritten. Schauen Sie doch mal ganz unauffällig in den INSIDER TIPP Hinterhof der Ulica Targowa 62 mit kleinem Altar und Marienstatue. *Metro Dworzec Wileński*

5 NATIONALSTADION (STADION NARODOWY) ★ (125 D–E 4–5) (*🗺 G–H6*)

Ob Sie vom Schlossplatz aus schauen oder von der Aussichtsplattform auf dem Kulturpalast, ob Sie Warschau mit dem Zug durchqueren oder einer der Schnellstraßen entlang der Weichsel folgen: Das Nationalstadion, zur Fußball-Europameisterschaft 2012 gebaut, ist zum weithin sichtbaren Wahrzeichen der polnischen Hauptstadt geworden. Außen in den Nationalfarben Rot und Weiß gehalten, bietet es innen mehr als 55 000 Zuschauern Platz. An der Gestaltung der Arena auf dem Gelände des ehemaligen „Zehnjahresstadions" *(Stadion Dziesięciolecia)* waren deutsche Architekturbüros federführend beteiligt. Die luftige Dachkonstruktion gipfelt in einer 70 m hohen Nadelspitze.

Schon Paul McCartney, Ed Sheeran, Depeche Mode und Coldplay standen hier auf der Bühne. Konferenzräume, Hotels, diverse Restaurants und eine Tiefgarage für fast 2000 Autos vervollständigen den Entertainmentkomplex. ● *Besichtigungen nur im Rahmen von Führungen: tgl. 10–21 Uhr, meist stündlich, sofern das Stadion freigegeben ist; Besuch des Aussichtspunkts (Punkt Widokowy, 10–21 Uhr, 12 Zł.) meist spontan mgl. | ab 30 Zł. pro Person | Aleje Księcia J. Poniatowskiego 1 | www.stadionnarodowy.org.pl | Bus 117, 138, 517, Tram 7, 8, 22, 25 Rondo Washingtona*

AUSSERDEM SEHENSWERT

GHETTO-DENKMÄLER & MUSEUM DER GESCHICHTE DER POLNISCHEN JUDEN (POMNIK BOHATERÓW GETTA & MUZEUM HISTORII ŻYDÓW POLSKICH) ★ (122 B4–5) (*🗺 B4*)

Viele Warschauer sind zu Recht erbost, wenn Fremde den Aufstand im jüdischen Ghetto 1943 und die Erhebung der polnischen Heimatarmee *(Armia Krajowa, AK)* ein Jahr später in einen Topf werfen.

Tatsächlich hatten beide Revolten den gleichen Gegner: die deutschen Unterdrücker. Im Ghetto zwischen Ulica Złota im Süden und der Neustadt im Norden pferchten die Nazis eine halbe Million Juden ein. Viele starben an Hunger und Seuchen, die meisten wurden in Vernichtungslager deportiert. Daran erinnern Granitsteine auf dem Weg zum einstigen Umschlagplatz in der Ulica Stawki (Ecke Ulica Dzika). Als die SS am 19. April 1943 mit einer Liquidierungsaktion beginnen wollte, wurde sie mit Schüssen empfangen. Der ungleiche Kampf dauerte 28 Tage. Nur wenige Ghetto-Insassen überlebten. Wichtigster Erinnerungsort ist das *Denkmal der Ghettohelden (Pomnik Bohaterów Getta) (Skwer Willy Brandta)*, vor dem Bundeskanzler Willy Brandt 1970 niederkniete. 2013 wurde direkt gegenüber das mit seiner Fassade sehr beeindruckende *Museum der Geschichte der polnischen Juden (Mo, Do/Fr 10–18, Mi, Sa/So 10–20 Uhr | Eintritt 25 Zł.,Tickets am besten im Voraus online kaufen | Ulica Mordechaja Anielewicza 6 | Tel. 2 24 71 03 01 | www.polin.pl | Bus 111, 180 Nalewki)* fertiggestellt. Eine echte architektonische Bereicherung für Warschau! Auch die Ausstellung zur jüdischen Geschichte ist sehr modern und ansprechend gestaltet und zieht Sie für mindestens zwei Stunden in ihrem Bann. Im kurz POLIN genannten Haus gibt's auch ein Lokal mit jüdischen Speisen.

Nicht nur architektonisch eine Bereicherung: das Museum der Geschichte der polnischen Juden

MUSEUM DES WARSCHAUER AUFSTANDS (MUZEUM POWSTANIA WARSZAWSKIEGO) ★ ●

(0) *(🕮 A7–8)*

1944 wollte die polnischen Heimatarmee *(Armia Krajowa, AK)* die Stadt aus eigener Kraft befreien, doch die deutsche Besatzungsmacht schlug die Erhebung nieder und zerstörte die Stadt. Dem Heldenmut der gesamten Stadtbevölke-

Perfekt, um die Batterien wieder aufzuladen: die entspannte Atmosphäre am Plac Zbawiciela

rung ist das sehenswerte Museum, gewidmet, das zum 60. Jahrestag öffnete und auf multimediale Technik setzt – mitunter mit überschießendem Pathos. *Mo, Mi, Fr–So 10–18, Do 10–20 Uhr | 25 Zł., Audioguide (auch auf Deutsch) 10 Zł. | Ulica Grzybowska 79 | Eingang Ulica Przyokopowa | www.1944.pl | Metro Rondo Daszyńskiego*

PLAC KONSTYTUCJI (126 C4) (*E9*)
Sozialismus pur: Am Verfassungsplatz und an der *Ulica Marszałkowska*, die in Überbreite direkt auf diesen zuführt, lebten sich die Architekten der Ära aus. Den Platz markieren drei hohe Kandelaber, die wie Kerzenhalter aussehen. Wofür sie stehen, kann heute niemand mehr sagen. Ein schöner Kontrast: Aktuell finden Sie hier einige der angesagtesten Restaurants der Stadt. *Metro Politechnika*

PLAC ZBAWICIELA ●
(127 D4) (*E9–10*)
Nur wenige Meter vom monumentalen Plac Konstytucji entfernt liegt einer der schönsten Warschauer Plätze – der Plac Zbawiciela: nicht spektakulär, aber ruhig und intim. Auch hier findet sich die Sandsteinarchitektur der 1960er-Jahre mit ihren mächtigen Arkadengängen. In hippen bis gemütlichen Lokalen können Sie die Atmosphäre des Platzes genießen. Schauen Sie bei der Gelegenheit auch kurz rein in die *Erlöserkirche (Kościół Najświętszego Zbawiciela) (Ulica Marszałkowska 37)* mit ihrem hellen, weiträumigen Inneren. *Metro Politechnika*

SEJM (127 E3) (*F9*)
Der Name *Sejm* bezeichnet seit Jahrhunderten den polnischen Reichstag. Bereits im 15. Jh. kamen die Adeligen des Lan-

des zum Sejm zusammen, um den König zu wählen. Die Teilungen brachten im 18. Jh. das Ende der Adelsrepublik. In der Zwischenkriegszeit war der Sejm in Warschau Sitz des Parlaments der Zweiten Republik. Damals entstand auch das heutige Parlamentsgebäude. Aktuell ist es wieder Schauplatz zahlreicher Demonstrationen gegen die nationalkonservative Regierung. Zu besichtigen ist der Neorenaissancebau bei einer Führung ganzjährig an sitzungsfreien Tagen *(Mo–Fr). Ulica Wiejska 4–8 | www.sejm.gov.pl | Bus 116, 180, 503 Plac Trzech Krzyży*

STARY ŻOLIBORZ

(122 B–C 1–2) *(◫ B–C 1–2)*

Einheimische halten dieses Viertel mit seinen Bürgerhäusern, Villen und ruhigen Straßen für die schönste Wohngegend der Stadt. Die Umgebung strahlt mit ihren alten Bäumen einen verwunschen-melancholischen Charme aus.

Einen Spaziergang beginnen Sie am besten am Plac Wilsona. Ein Weg führt Sie durch den Żeromskiego-Park zu den Resten einer alten Festung mit Aussichtspunkt. Die *Zitadelle (Cytadela)* hat eine dunkle Geschichte, sie wurde nach den polnischen Teilungen zu Beginn des 19. Jhs. von der russischen Besatzungsmacht als Gefängnis errichtet.

Auf dem Gelände spazieren heute Eltern mit Kinderwagen und meist junge Warschauer treffen sich auf ein Bier oder einen Kaffee in einem der dortigen Lokale. Zum Gelände der Festung gehört auch, direkt neben der *Danziger Brücke (Most Gdański)* das erst 2015 eröffnete *Katyń-Museum (www.muzeumkatynskie.pl)*, das an vom sowjetischen Diktator Josef Stalin in Auftrag gegebenen und vom Geheimdienst NKWD ausgeführten Massenmord an 4400 polnischen Generälen und anderen Armeeangehörigen im Jahr 1940 erinnert. *Metro Plac Wilsona*

INSIDER TIPP TEMPEL DER GÖTTLICHEN VORSEHUNG (ŚWIĄTYNIA OPATRZNOŚCI BOŻEJ)

(129 E5) *(◫ O)*

Im Vorort Wilanów ist im vergangenen Jahrzehnt eine Kathedrale in den Himmel gewachsen, die in Warschau immer wieder für Gesprächsstoff sorgt und bis heute nicht vollendet ist. Dies ist einer dieser Orte, die spannend sind und deren Besuch doch irgendwie ein ungutes Gefühl im Magen zurücklassen.

An der riesigen Kathedrale, deren Hauptschiff sage und schreibe 4000 Gläubigen Platz bietet, entzündet sich immer wieder Streit. Kritiker nennen den monumentalen Tempel mit seiner 75 m hohen Kuppel eine geschmacklose Machtdemonstration der katholischen Kirche, die gegen ihren Autoritätsverlust im Land ankämpfe. Den Grundstein weihte 1999 der polnische Papst Johannes Paul II. Unterirdisch liegt ein Pantheon für die Großen Polens. *Mo–Sa 10–17, jeweils zur vollen Stunde, So 13.30–15 und 15.30–18 | Eintritt frei | www.centrumopatrznosci.pl | Bus 217, 422 Centrum Opatrzności Bożej*

ZENTRUM FÜR MODERNE KUNST (CENTRUM SZTUKI WSPÓŁCZESNEJ)

(127 E4) *(◫ F10)*

Sie mögen Ihre Kunst modern? Dann sind Sie hier abolut goldrichtig! Museale und multimediale Ausstellungen, Konzerte moderner Musik, avantgardistische Theaterstücke – was will man mehr?

Das Zentrum residiert fürstlich im *Ujazdowski-Schloss* nahe dem Łazienki-Park. Die ausgestellten Werke der Gegenwartskunst kontrastieren reizvoll mit der barocken Architektur. *Di–So 12–19, Do 12–21 Uhr | 12 Zł., Do Eintritt frei | Zamek Ujazdowski | Aleje Ujazdowskie 6 | www.csw.art.pl | Bus 116, 166, 180, 195, 503 | E-2 Plac Na Rozdrożu*

IM GRÜNEN

ŁAZIENKI-PARK (ŁAZIENKI KRÓLEWSKIE)

(127 E4–6) (*🕮 F–G 10–11*)

Der Königliche Bäderpark ist eine der schönsten Visitenkarten Warschaus und zugleich eine Oase der Ruhe in der Hauptstadthektik. Ende des 17. Jhs. entstanden im königlichen Wald ein Badehaus und eine Eremitage – und mit ihnen der Name Bäderpark. Erhalten sind Alte und Neue Orangerie mit dem noblen Resaturant *Belvedere (Mo–Sa 12–23, So 12–20 Uhr | Ulica Agrykola 1 | Tel. 225586700 | www.belvedere.com.pl)* sowie das *Palais auf dem Wasser (Pałac na Wodzie)* mit einem grandiosen Amphitheater, das jenem im römischen Herculaneum nachempfunden ist. Dort finden jeden Juli Mozart-Festspiele statt. Als verlässliche Wegweiser hören Sie einfach auf die Rufe der vielen Pfauen. Mit ● Gondeln à la Venedig schippern Sie auf den kleinen See hinaus *(15 Zł. pro Person)*. Nahe beim Ausgang auf die Aleje Ujazdowskie öffnet sich um das *Denkmal Frédéric Chopins* ein kleiner Platz mit Rosenbeeten. In den Sommermonaten werden dort sonntags um 12 und 16 Uhr ● Gratis-Klavierkonzerte unter freiem Himmel geboten. Mitte Juli bis Ende August gibt's auch Freilichtkino im Amphitheater. *Palais auf der Insel, Alte Orangerie und Myślewicki-Palais: Sommer Di–So 10–18, Winterhalbjahr Di–So 9–16 Uhr | www.lazienki-krolewskie.pl | Bus 180, 503 Łazienki Królewskie*

POWĄZKI-FRIEDHOF (CMENTARZ POWĄZKOWSKI) ★ ●

(122 A4) (*🕮 A4–5*)

Wann sind Sie das letzte Mal so richtig ausgedehnt über einen wunderschönen Friedhof spaziert? Diese 200 Jahre alte Ruhestätte ist gewaltig. Allein an der Powązkowska-Straße zieht sie sich gut einen Kilometer entlang. Unter Schatten spendenden alten Bäumen und zwischen kunstfertigen Grabkapellen liegen einige der berühmtesten Polen begraben, besonders entlang der 1925 eingerichteten *Ehrenallee (Aleje Zasłużonych)*: Opernlegende Jan Kiepura, die Komponisten Witold Lutosławski und Henryk Wieniawski oder der Rockmusiker Czesław Niemen („der polnische Beatle"), aber auch kommunistische Führer wie Boleslaw Bierut. Jeweils am 1. November besuchen den Powązki-Friedhof zu Allerheiligen Zehntausende Gläubige, um Kerzen zu entzünden und der Toten zu gedenken.

Auf dem benachbarten Militärfriedhof steht ein INSIDER TIPP *Denkmal für die Opfer des Absturzes der polnischen Präsidentenmaschine (Ulica Powązkowska 43/45 | Bus 180, 409 Powązki-Cm. Wojskowy)* im russischen Smolensk im April 2010. Zwei wie auseinandergebrochen wirkende Steinplatten symbolisieren das verunglückte Flugzeug. 28 der 96 Toten von Smolensk liegen dort begraben. Ebenfalls zum Powązki-Gelände gehört ein großer *Jüdischer Friedhof (Ulica Okopowa 49/51 | Bus 180 Cm. Żydowski)* mit den Gräbern herausragender polnischer Juden wie Ludwik Zamenhof, dem Erfinder der Weltsprache Esperanto. Der *Islamische Friedhof (Ulica Tatarska 8)* ist nicht für Besucher zugänglich. *Hauptfriedhof tgl. 7–20 Uhr bzw. bis zur Dämmerung | Ulica Powązkowska 4 | Bus 180, 409, Tram 1, 22, 27 Powązkowska*

PUSZCZA KAMPINOSKA

(128–129 A–D4) (*🕮 0*)

Dieser riesige Urwald, der bis an den Warschauer Stadtrand heranreicht, trägt seit 1959 den höchsten internationalen Schutzstatus eines Nationalparks und steht auf der Unesco-Liste der Biosphärenreservate. Auf mehr als 360 km ausgeschilderten Wanderwegen erleben Sie nicht nur urwüchsige Natur, sondern finden sich mit etwas Glück auch Auge in Auge mit einem prächtigen Elch wieder. Etwa 50 der imposanten Hirsche leben im Reservat, zusammen mit Luchsen, Bibern, Schwarzstörchen und mehr als 100 weiteren geschützten Tierarten. Sie haben Dutzende Routen zur Wahl (1–2 Stunden oder mehrere Tage). Wichtig sind bei einem Ausflug robuste Kleidung und gutes Schuhwerk sowie ein Antimückenspray. Beachten Sie im Naturpark bitte unbedingt die ausgewiesenen Verhaltensregeln, sonst bekommen Sie es zu Recht mit einem Parkwächter zu tun. Fahren Sie mit der Metro bis zur Endhaltestelle Młociny und von dort mit dem Bus in 20 Min. Fahrtzeit bis Kampinoska. Von hier sind es nur wenige Schritte bis zu einem der zahlreichen Eingänge in den zweitgrößten polnischen Nationalpark. Autofahrer sollten die 40 km lange Fahrt von Warschau nach *Kampinos* **(128 B5)** ***(🕮 0)*** unternehmen (Holzkirche von 1783, klassizistischer Gutshof). Von dort führt eine Sackgasse nach *Granica* **(128 B4)** ***(🕮 0)*** (Zelt-/Grillplatz, Lokal). In Granica hat das kleine *Museum des Nationalparks* sein Domizil. Für längere Wanderungen, Spaziergänge und Fahrradtouren (Leihräder gibt es beim Förster) sollten Sie eine detaillierte Karte der Umgebung mitnehmen. Handyempfang gibt's meist, aber nicht überall. Und selbst Menschen mit gutem Orientierungsvermögen können sich in der Tiefe der *Puszcza* schnell verirren. *Auflistung der Wanderwege mit Grafik unter www.kampinoska.waw.pl (auf „szlaki turystyczne" klicken)*

Unter Schäfchenwolken über den See gleiten: Auszeit im Łazienki-Park

SASKA KĘPA (125 E–F 5–6) ***(🕮 H5–8)***
Für die Warschauer schlicht „das Diplomatenviertel". Touristen waren in Saska Kępa mangels Sehenswürdigkeiten

Wettstrahlen zwischen Blumen und Barockfassade: Schloss Wilanów liegt im Grünen

selten anzutreffen. Dies änderte sich inzwischen durch das in direkter Nachbarschaft liegende Nationalstadion. Denn Saska Kępa gehört zu den schönsten Warschauer Stadtvierteln. Viele Villen aus der Zwischenkriegszeit sind erhalten. Der Bezirk mit rund 40 000 Einwohnern ist ein eigener Kiez mit Geschäften, Cafés, Restaurants, Postamt und Kirche. Schilder weisen den Weg zu den Botschaften, die oft in imposanten Herrenhäusern residieren, etwa entlang der Ulica Francuska, nur einen Steinwurf vom Nationalstadion entfernt. Besonders schön: die *Portugiesische Botschaft (Ulica Francuska 37)*.

Viele Grünanlagen und die Weichsel trennen Saska Kępa von den umliegenden Stadtteilen und machen es regelrecht zu einer Insel. Sehens- und erlebenswert ist der INSIDER TIPP *Paderewski-Park (Park Skaryszewski Im. I. Paderewskiego)* im Norden. Die Anlage am Ort des historischen Städtchens Skaryszew ist nach dem Komponisten und Politiker Ignacy Paderewski benannt, dem ersten Ministerpräsidenten Polens nach dem Ersten Weltkrieg. Malerische Pflanzenensembles und Gewässer säumen die Wege. Im Sommer wird der Park zum Sportlerparadies. Konzerte und Filmvorführungen runden das Programm ab. *Bus 117, 138, 517, Tram 7, 8, 22, 25 Rondo Waszingtona*

SCHLOSS WILANÓW & PLAKATMUSEUM (PAŁAC W WILANOWIE/MUZEUM PLAKATU) ★ (129 E5) (*0*)

Die einstige Sommerresidenz der Könige und später des polnischen Adels ist Warschaus schönstes Schloss. Umfangreich saniert und renoviert, erstrahlt die prachtvolle Barockfassade wieder in jenem Glanz, wie sie Ende des 17. Jhs. nach einem Entwurf des Baumeisters Agostino Locci geschaffen wurde. Der Name

Wilanów ist abgeleitet vom lateinischen Villa Nova (neue Stadt). Auch deutsche Adlige residierten hier, unter ihnen August II., König von Sachsen – er war zu Beginn des 18. Jhs. gleichzeitig polnischer König. Zu besichtigen sind die königlichen Wohnräume sowie hochkarätige Sammlungen polnischer und europäischer Malerei. Am wichtigsten jedoch: Wilanów ist ein Palast im Grünen, eingebettet in einen INSIDER TIPP Park von 43 ha Grundfläche, mit geometrischen Pflanzenfiguren, schmuckvollen Brunnen und Skulpturen – angelegt nach dem Vorbild französischer und italienischer Meister. Von repräsentativer Schönheit sind auch das Teehaus, der Rosengarten und die Orangerie. Im alten Rennstall Ujeżdżalnia auf dem Schlossgelände ist das älteste *Plakatmuseum (Mo/Di, Do/Fr 10–16, Mi, Sa/So 10–18 Uhr | 11 Zł., Mo Eintritt frei | www.postermuseum.pl)* Europas untergebracht, gegründet 1968. Es ist ein faszinierendes Sammelsurium von sage und schreibe 54 000 Werken aus Polen und dem Ausland. Seit 1994 ist das Museum fester Ort der Internationalen Plakat-Biennale.

Um die Anlage herum liegen exklusive Wohnviertel. In einiger Entfernung entsteht zudem ein völlig neuer Stadtteil für die obere Mittelschicht, der dem Namen Wilanów – neue Stadt – alle Ehre macht. An der kleinen Straße zum Palast können Sie eine Kaffeepause einlegen. Schauen Sie auch hinein in die neobarocke Pfarrkirche *Sankt Annen (Kościół Św. Anny)* direkt neben dem Schlosspark. *Schloss: 1. Mai–19. Sept. Mo, Mi, Sa 9.30–18, Di, Fr 9.30–16, So 10.30–18, 20. Sept.–Mitte Dez. und 28. Jan.–30. April Mo, Mi–Sa 9.30–16, So 10.30–16 Uhr, letzter Einlass eine Stunde früher | 20 Zł., Do Eintritt frei; Park: 9 Uhr bis zur Dämmerung | 5 Zł., Do Eintritt frei | St. Kostki Potockiego 10/16 | www.wilanow-palac.pl | Bus 116, 180, 519 | E-2 Wilanów*

LESEHUNGER & AUGENFUTTER

Cold War – Der in Cannes 2018 mit der Goldenen Palme für die beste Regie ausgezeichnete Paweł Pawlikowski erzählt in edlem Schwarz-Weiß poetisch die tragische Liebesgeschichte einer Tänzerin und eines Klavierspielers in den Fünfzigern und Sechzigern, die in Warschau beginnt

Die Frau des Zoodirektors – Daniel Brühl und Jessica Chastain spielen das Ehepaar Jan und Antonina Żabiński, das während der Nazi-Herrschaft den Warschauer Zoo leitete, damals einer der größten Europas, und Juden aus dem Ghetto versteckte und rettete (2017)

Der Boxer – In das Warschau kurz vor Beginn des Zweiten Weltkriegs entführt der wuchtige Romen des preisgekrönten Autors Szczepan Twardoch. Genauer: in die Unterwelt der Stadt, in der sich der Boxer Jakub Shapiro erst als rechte Hand eines Mafia-Paten einen Namen macht. Später, als die Faschisten seinen Boss aus dem Weg räumen, übernimmt er dessen Imperium (2018)

Neun – Andrzej Stasiuk, ein Stern am polnischen Literatenhimmel, schildert das Warschau nach der Wende, in dem harter Kapitalismus regiert, als beklemmenden Krimi (2002)

ESSEN & TRINKEN

Gastronomisch hat Warschau in den vergangenen Jahren eine radikale Wandlung durchgemacht. Vom Einheitsbrei der sozialistischen Restaurants blieb kaum etwas übrig.

Längst kann die polnische Hauptstadt Lokale, Cafés und Imbisse beinahe für jeden Geschmack und in allen Preisklassen bieten. Neben italienischen und asiatischen Restaurants werben Türken und Araber mit ihren kulinarischen Spezialitäten um die Gunst der Gäste. Typisch, beliebt und entsprechend verbreitet sind auch Lokale, in denen nach Art osteuropäischer Nachbarn gekocht wird – von litauisch bis russisch. Durch den Zuzug Zehntausender Ukrainer treffen Sie jetzt auch an jeder zweiten Ecke auf leckere Spezialitäten à la *pielmeni* und *soljanka*. Nicht völlig neu ist der Run auf koreanische Lokale oder Burger-Brater wie *Burgerownia (Ulica Krasińskiego 24 | www.facebook.com/Burgerownia.war)* oder *Barn Burger (Ulica Złota 9 | www.barnburger.pl)*. Und selbstverständlich ist auch die polnische Küche allgegenwärtig. Schweinekotelett, gebratene Ente, die Piroggen als absoluter Klassiker, gefüllte Pfannkuchen, leckere Suppen: insgesamt recht fleischlastig und schwer, aber abwechslungsreich – und besonders gut und originell serviert von spezialisierten Restaurants wie dem *Folk Gospoda* (s. S. 65).

Aber auch die sogenannten *Milchbars (bar mleczny)* bieten traditionelle Speisen wie *bigos*, Piroggen, Kartoffelpuffer und *naleśniki* (Pfannkuchen) an. Die Selbstbedienungsrestaurants mit Kanti-

Bild: Nationalgericht Pierogi

Wer Warschau kulinarisch genießen will, hat eine große Auswahl – von der einfachen Volkskantine bis zum Edelitaliener

nenflair sind ein Relikt des Sozialismus. Sie haben den gastronomischen Wandel nicht nur überlebt, sie sind regelrecht wiederentdeckt worden – weil man hier einfach, schnell und unschlagbar günstig isst. Eine der besten Milchbars der Stadt ist die *Rusałka (Ulica Floriańska 14)* im Stadtteil Praga. Auch gut: *Bambino* in der *Ulica Hoża 19.*

In einigen Restaurants ist es üblich, auf die Preise von vornherein zehn Prozent für den Service aufzuschlagen – was allerdings auf der Karte vermerkt sein sollte. In solchen Fällen können Sie sich das Trinkgeld sparen, sonst beträgt es eben jene zehn Prozent des Preises. „Stimmt so" heißt in der polnischen Entsprechung „Danke" *(dziękuję)* – sagen Sie also nicht „Danke", wenn Sie noch Restgeld erwarten! Leere Teller gleich abzuräumen, während der Begleiter noch isst, gehört übrigens zur polnischen Höflichkeit.

Mittags wird in Warschau gern und ausgiebig geluncht, oft gibt es dann Sonderangebote (z. B. Lunch mit Kaffee 20 Zł.). Fast alle Gaststätten bieten durchgehend warme Küche. Frühstücks- und Brunchbüfetts setzen sich erst allmählich durch: Es gibt sie bisher vor allem in guten Hotels und in einzelnen Lokalen im Zentrum, etwa bei *Blikle.* Viele Restaurants öffnen erst mittags. Entsprechend gut besucht sind vormittags die Cafés, die in meist heller Atmosphäre Latte macchiato und Café au Lait servieren – zu westeuropäischen Preisen. In polnischen Gaststätten gilt Rauchverbot, das zumeist auch klaglos akzeptiert wird. Clubs, Kneipen und Cafés dürfen allerdings separate Raucherräume einrichten.

Verlocken seit 150 Jahren zum Naschen: die Krapfen und Törtchen im Café Blikle

CAFÉS

CAFÉ BLIKLE ★ (127 D2) *(🕮 E7)*
Viele reden von Tradition, Blikle steht dafür: Seit fast 150 Jahren besteht die Konditorei mit Café an der schicken Straße Nowy Świat und ist jedem Warschauer ein Begriff. Berühmt: die selbst gemachten Pralinen und kleinen Torten. Auch zum Mitnehmen. *Tgl. 9–22 Uhr | Ulica Nowy Świat 33 | www.blikle.pl | Bus 175, 180, 503 Foksal*

CAFÉ BRISTOL ● (121 D5) *(🕮 E6)*
Nobel, nobel: Im legendären Hotel Bristol leistet der Konditor ganze Arbeit und kreiert leckerste Süßwaren. Natürlich geht es in der glanzvollen Herberge schick zu, das Café ist aber gar nicht so schrecklich teuer. *Tgl. 8–20 Uhr | Krakowskie Przedmieście 42/44 | www.cafebristol.pl | Bus 116, 175, 180 Hotel Bristol*

GREEN CAFFÈ NERO ●
(123 D4) *(🕮 D4)*
Diese Warschauer Café-Kette hat viele Standorte in der Stadt – hübsch und gemütlich eingerichtet sowie mit ausnehmend herzlichen, gut gelaunten und hilfsbereiten *baristas*. Die Filiale am Weichselboulevard liegt herrlich direkt am Fluss. *Tgl.ab 9 Uhr | Bulwar Karskiego | greencaffenero.pl | Bus 118, 185 San-*

guszki oder aus Alt- oder Neustadt über die Treppen hinunterlaufen

INSIDER TIPP **KARMA** (127 D4) (*E10*)
Von hier aus erleben Sie den Plac Zbawiciela am besten. Sympathische Atmosphäre mit einer riesigen Kaffeeröstmaschine im Raum. Dies war das erste Warschauer Café, das selbst röstet. Draußen stehen Tische unter den Arkaden. Besonders lecker: *pinky*, ein erfrischendes Getränk aus Himbeeren. *Mo–Fr ab 8, Sa/So ab 9 Uhr | Plac Zbawiciela 3/5 | www.coffeekarma.eu | Metro Politechnika*

KAWIARNIA KAFKA (124 B4) (*E6*)
Eines dieser Cafés, die Sie einfach sofort ins Herz schließen: draußen Tischchen und Liegestühle auf dem Gras, drinnen vollgepackt mit Büchern, Alben und Brettspielen. Ach so – guten Kaffee und Imbisse gibt´s auch. *Mo–Fr 9–22, Sa, So 10–22 Uhr | Ulica Oboźna 3 | www.kawiarnia-kafka.pl | Bus 105, 118, 127 Zajęcza*

MIĘDZY SŁOWAMI (126 C2) (*D7*)
Der Name des Cafés ist der polnische Titel des Films „Lost In Translation". In zeitloser, vielleicht sogar nostalgischer Atmosphäre werden in einem ruhigen Innenhof viele Sorten Kaffee, Kuchen und Imbisse serviert. *Mo–Fr Frühstück ab 7, Sa ab 8, So ab 8.30 Uhr | Ulica Chmielna 30 | Metro Centrum*

INSIDER TIPP **MINISTERSTWO KAWY**
(127 D5) (*E10*)
Das „Kaffee-Ministerium" ist aktuell *der* Café-Geheimtipp für Warschau, nahe dem Plac Zbawiciela. Schon mehrfach ausgezeichnet, legt man hier größten Wert auf Herkunft und Röstmethoden des Kaffees. Ziemlich teuer und erstaunlich schlicht eingerichtet, aber sehr leckere Sandwiches, Imbisse und Süßes. *Tgl. ab 10 Uhr | Ulica Marszałkowska 27/35 | www.facebook.com/MinisterstwoKawy | Metro Politechnika*

INSIDER TIPP **NIEZŁE ZIÓŁKO**
(127 D3) (*E8–9*)
Kleines, sympathisches Café mit alternativem Touch. Aus dem Zentrum gut zu erreichen. Wenige Tische unten, einige auf dem Balkon oder draußen. Guter Kaffee, Säfte und Limonaden sowie frisch zubereitete Sandwiches, Snacks und Süßes. *Mo–Fr ab 8, Sa/So ab 9 Uhr | Ulica Krucza 17 | Bus 107 Wspólna, Tram 4, 15, 18, 35 Plac Konstytucji*

POŻEGNANIE Z AFRYKĄ
(120 C1) (*D4*)
Das Café in der Neustadt, benannt nach dem Kinofilm „Jenseits von Afrika", bietet

MARCO POLO HIGHLIGHTS

★ **Café Blikle**
Warschaus ältester Zuckerbäcker → S. 60

★ **Wilcza 50**
So isst man heute in Warschau: trendy, stylish, cool → S. 64

★ **Folk Gospoda**
Urig und deftig: die Essenz polnischer Tradition → S. 65

★ **Delicja Polska**
Schick, beste polnische Küche, tolle Lage → S. 65

★ **Słodki … Słony**
Süßer die Torten nie schmecken … → S. 66

★ **Why Thai**
Der beliebteste Thailänder der Warschauer → S. 64

Dutzende exklusiver Kaffeesorten. *Tgl. ab 7 Uhr | Ulica Freta 4/6 | www.pozegnanie.com | Bus 116, 180, 503 Kapitulna*

VINCENT ● (124 B5) *(🕮 E7)*
Diese französische Bäckerei mit Café direkt an der Flaniermeile Nowy Świat serviert schon ab sehr früh morgens alles vom Schokocroissant bis hin zum knusprigen Camembert-Baguette. Auch mit Tischen auf dem breiten Bürgersteig. Filiale: *Ulica Chmielna 21 (Metro Centrum). Tgl. ab 7 Uhr | Nowy Świat 64 | www.vincentcafe.pl | Bus 175, 180 Ordynacka*

INTERNATIONAL

AIOLI ★ (126 C1) *(🕮 D7)*
Eine der beliebtesten Warschauer Restaurant-Adressen, abends und am Wochenende oft gut besucht. Einfache, gemütliche Atmosphäre, mediterrane Küche, Bier, Wein und südländisch gelassene Stimmung. Günstige Mittagsmenüs. *Tgl. ab 9 Uhr | Ulica Świętokrzyska 18 | Tel. 226572126 | www.aioli-cantine.com | Metro Świętokrzyska | €–€€*

ALE WINO (127 D3) *(🕮 E9)*
Sehr sympathisches, kleines Weinlokal mit ausgezeichneter Küche und edlen Tropfen verschiedener Preisklassen. Schön für eine Pause zwischendurch oder auch ein schickes Abendessen. Weine im Verkauf. *Mo 17–23, Di–Sa 12–23 Uhr | Ulica Mokotowska 48 | Tel. 226283830 | www.alewino.pl | Bus 180, 503 Plac Trzech Krzyży | €€*

ATELIER AMARO (127 D4) *(🕮 F10)*
In direkter Nachbarschaft der beiden Edelrestaurants *Qchnia Artystyczna* (s. S. 63) und *Amber Room* (s. S. 64) hat sich eine neue Nobeladresse etabliert: das kleine Atelier Amaro mit seinen aus vielen „Moments" (Mini-

LIEBLINGS(ADR)ESSEN

Edel, freundlich und gut
Das *Nolita* **(126 C3)** *(🕮 D9) (Mo–Fr 12–15 und 18–22, Sa 17–22.30 Uhr | Ulica Wilcza 46 | Tel. 222920424 | www.nolita.pl | Bus 131, Tram 4, 15, 35 Hoża | €€€)* ist ein neues Spitzenrestaurant mit Michelin-Stern – in Polen eine absolute Rarität. Es geht geschmackvoll, aber keineswegs steif zu, und die Preise sind zwar hoch, aber nicht abschreckend. Deshalb, und wegen der tollen Beratung durch die Kellner, kommt man immer gerne wieder.

Zweifach verführerisch
Marcin Koch – der heißt ja schon so! Na gut, es ist ein Künstlername, aber der Mann, der schon in Hamburg und der Schweiz am Herd stand, hat zwei tolle Lokale aufgemacht. Bei *Talerzyki* **(127 D4)** *(🕮 E9) (Mo–Sa ab 16 Uhr | Ulica Mokotowska 33/35 | Tel. 606546363 | talerzyki.eu | Tram 4, 15, 18, 35 Plac Konstytucji | €€)* kriegen Sie polnische Küche mit modernen, kreativen Ideen angereichert auf kleinen Tellerchen vor die Nase gesetzt. Da kommt Tapas-Feeling auf bis 2 Uhr nachts und die Lust, vieles zu probieren! Wenn's hier mal voll ist: Gleich nebenan im *Bazar Kocha (Mo ab 12, Di–So ab 9 Uhr | bazarkocha.pl)* warten ebenfalls leckeres Essen, klasse Weine und duftender Kaffee samt frischem Gebäck.

portionen) bestehenden Menüs. Als erstes polnisches Restaurant erhielt es einen Rising Star, der das Potenzial des Lokals würdigt. Nur mit rechtzeitiger Reservierung. *Mi–Fr 12–15 und ab 18, Di, Sa ab 18 Uhr | Ulica Agrykola 1 | Tel. 2 26 28 57 47 | www.atelieramaro.pl | Bus 180, 503 Plac Na Rozdrożu | €€€*

MANDALA (126 C3) (*🗺 D9*)
Club und indisches Restaurant. Vor allem im Sommer sitzt es sich gemütlich bis spät abends im leicht alternativen Innenhof. Besonders gut: die heimischen Speisen der nepalesischen Köche. *Tgl. | Ulica Emilii Plater 9/11 | Tel. 2 28 91 06 19 | www.mandalaklub.com | Bahn, Tram 10, 17, 33, Bus 175 Warszawa Centralna, Tram 4, 15, 18, 35 Hoża | €–€€*

MANEKIN (126 C4) (*🗺 E9*)
Hier können Sie sich richtig hip fühlen – und das am altsozialistischen Konstytucji-Platz! Modern, cool, ein wenig Industriestil, die sehr leckeren Pfannkuchen spielen die Hauptrolle. *Tgl. | Plac Konstytucji 5 | Tel. 2 24 04 88 88 | www.manekin.pl | Tram 4, 15, 35 Plac Konstytucji, Metro Politechnika | €€*

THE OLIVE (127 D3) (*🗺 E8*)
Der Name führt etwas in die Irre. In der Olive – hinter der etwas kühlen Fassade des Sheraton-Hotels – kann man neben mediterraner Küche auch sehr gute traditionelle polnische Gerichte essen. Guter Sonntagsbrunch. *Mo–Sa 6.30–22.30, So 7–16.30 Uhr | Ulica Bolesława Prusa 2 | im Hotel Sheraton | Tel. 2 24 50 67 06 | www.sheraton.pl | Bus 180, 503 Plac Trzech Krzyży | €€€*

QCHNIA ARTYSTYCZNA
(127 E4) (*🗺 F10*)
Die Künstlerküche ist die erste Adresse für Freunde der internationalen Nouvelle Cuisine – kleine, aber edle Kreationen auf großen Tellern. Sehr große Terrasse mit Blick auf die Weichsel und überaus lauschig, etwas versteckt direkt hinter dem Ujazdowski-Schloss gelegen. *Tgl. | Ulica Jazdów 2 | Zamek Ujazdowski | Tel. 2 26 25 76 27 | www.qchnia.pl | Bus 116, 180, 503 Plac Na Rozdrożu | €€€*

Pasta und Frutti di Mare treffen auf Burger und Pinchos: vielseitiges Aioli

TEL AVIV CAFÉ & DELI
(126 C3) (*🗺 D9*)
Hier ist es fast immer voll – ein wichtiger Spot der angesagten Poznańska-Straße. Die aus Deutschland importierten, chemiefreien Limonaden, regionales Bier und guter israelischer Wein passen bestens zu Hummus, Falafel und selbstgemachten Häppchen (die auch gerne mal vegetarisch daherkommen). Und weil alles so schön ist, gibt es jetzt zwei Filialen: in der *Ulica Niepodległości 142a* und

in der *Ulica Mickiewicza 19. Mo–Fr ab 8, Sa/So ab 10 Uhr | Ulica Poznańska 11 | Tel. 2 26 21 11 28 | telaviv.pl | Tram 4, 15, 18, 35 Plac Konstytucji* | €–€€

UKI UKI – FABRYKA MAKARONU JAPOŃSKIEGO (127 D3) (🕮 *E8*)
In der „japanischen Nudelfabrik" mit offener Küche zaubert ein junger japanischer Koch für Sie in entspannter Atmosphäre leckere Gerichte aus Fernost. *Tgl. 12–21 Uhr | Ulica Krucza 23/31 | Tel. 2 24 28 26 96 | www.ukiuki.pl | Bus 107 Wspólna, Metro Centrum* | €€

LOW BUDG€T

Das *Złota Kurka (Goldenes Huhn)* **(126 C3) (🕮 *E9*)** *(Mo–Fr 7–19, Sa/So 9–17 Uhr | Ulica Marszałkowka 55/73 | nahe Plac Konstytucji | www.barzlotakurka.pl | Bus 117, 210, Tram 4, 18, 35 Plac Konstytucji)* ist eine *bar mleczny*, eine Milchbar. Das Relikt aus sozialistischer Zeit verspricht das „preiswerteste Essen der Stadt".

Hinter dem Nowy Świat haben die Studenten das Sagen. Durch den Torbogen im Haus Nr. 26 betritt man einen Hinterhof **(124 B5) (🕮 *E7*)** *(Bus 111, 116, 180, 175, 195 Foksal)* mit Kneipen und kleinen Restaurants. Original italienische Pizze gibt's bei *Doppio Cuore (tgl. | Ulica Gałczyńskiego 3 | Tel. 2 26 22 13 30 | www.doppio-cuore.pl)*.

Den besten Kebab bekommen Sie günstig neben dem Teatr Kwadrat. *Ulica Marszałkowska/Ecke Świętokrzyska* **(124 A5) (🕮 *D7*)** *Metro Świętokrzyska*

WILCZA 50 ★ (126 C3) (🕮 *D9*)
Gibt es hier etwas nicht zu mögen? Sie schauen den Köchen zu, Sie sitzen im gemütlich modernen Ambiente zwischen Holzbalken, alten Fässern und Ziegelmauern, Sie werden superfreundlich bedient. Die Küche ist saisonal, regional, frisch. Und ja, es ist leider nicht ganz billig. Schöne Terrasse. *Tgl. ab 12 Uhr | Ulica Wilcza 50 | Tel. 2 26 23 02 90 | wilcza50.pl | Bus 131, Tram 4, 15, 35 Hoża* | €€

WHY THAI ★ (127 D3) (🕮 *F9*)
Dieses ausgezeichnete Thai-Restaurant, nur einen Steinwurf vom Sejm entfernt, wurde schon mehrmals zu einem der besten Lokale des Jahres gewählt. Nicht gerade Imbisspreise, aber wenn Sie asiatische Küche mögen, dann fühlen Sie sich hier pudelwohl. Schöne Terrasse auf dem Bürgersteig im Sommer. *Tgl. | Ulica Wiejska 13 | Tel. 2 26 25 76 98 | www.whythai.pl | Bus 180, 503 Plac Trzech Krzyży* | €€

POLNISCH

AMBER ROOM (127 D4) (🕮 *F10*)
Das Edelrestaurant liegt im eleganten Sobański-Palast. Die von Feinschmeckern hochgelobte Küche kreiert vor allem polnische Speisen mit Anklängen an neueste globale Gourmettrends. *Tgl. ab 12 Uhr | Menü ab 35 Euro, an Wochentagen Businesslunch 12–15 Uhr ab 20 Euro | Aleje Ujazdowskie 13 | Tel. 2 25 23 66 64 | www.amber-room.pl | Bus 180, 503 Plac Na Rozdrożu* | €€€

ĆMA BY MATEUSZ GESSLER (126 C3) (🕮 *D9*)
Also, die stylishe *Koszyki-Halle (Hala Koszyki)* mit ihren Marktständen und Lokalen müssen Sie sowieso gesehen haben. Dann sollten Sie auf jeden Fall auch hierher. Der Spross der berühmten Gastronomenfamilie Gessler hat zuge-

Industrieschick bietet nicht nur Mateusz Gesslers Ćma, sondern auch das Restaurant Warszawa

schlagen: polnisch, industriell-modern, schick. Sie schauen den Köchen zu – und jetzt kommt´s: rund um die Uhr geöffnet! Gessler betreibt ein weiteres Restaurant, das *Warszawa Wschodnia (Ulica Mińska 25)*. *Ulica Koszykowa 63 | Tel. 222218176 | www.mateuszgessler.com.pl | Metro Politechnika | €€–€€€*

INSIDER TIPP CZYTELNIK
(127 D3) (*ꝏ F9*)
Einfaches Lokal mit Kantinenatmosphäre im Keller eines Verlagsgebäudes, wenige Schritte vom Sejm entfernt. Leckere und günstige, frisch zubereitete und schnell servierte Speisen mit Selbstbedienung. Karte nur auf Polnisch, aber hierher kommen auch viele Ausländer aus den umliegenden Botschaften. *Mo–Fr 9–17 Uhr | Ulica Wiejska 12a | Tel. 226289309 | Bus 180, 503 Plac Trzech Krzyży | €*

DELICJA POLSKA (121 D4) (*ꝏ D5*)
Wenn Sie mal so richtig schön, elegant, gediegen und nicht zu teuer polnisch essen gehen wollen, dann wartet hier ein schöner Abend unter Kronleuchtern auf Sie. Sehr lecker. *Tgl. ab 12 Uhr | Krakowskie Przedmieście 64 | Tel. 228264770 | www.delicjapolska.pl | Bus 175, 180, 503 Plac Zamkowy | €€*

FOLK GOSPODA ★ ●
(126 A1) (*ꝏ B7*)
Abseits der Touristenpfade, aber zentrumsnah. Das beste der beliebten rustikalen Restaurants im Gebirgsstil mit viel Holz und traditionellen polnischen Speisen. Abends folkloristische Livemusik. Gartenterrasse. *Tgl. ab 12 Uhr | Ulica Waliców 13/Ecke Grzybowska | Tel. 228901605 | www.folkgospoda.pl | Bus 151, 155, 378 Mennica | €€*

GROOLE (126 C4) (*ꝏ E9*)
Alles wird hier mit Augenzwinkern und Humor genommen – aber die Liebe zur Knolle ist ernsthaft! Backkartoffeln können Sie in diesem Selbstbedienungslokal selbst mit verschiedenen Zutaten kombinieren. Viele studentische Gäste, viel Betrieb. *Tgl. | Ulica Śniadeckich 8 |*

SPEZIALITÄTEN

barszcz – Rote-Bete-Suppe, serviert mit fleischgefüllten Pasteten (Foto li.)
bigos – Einige verspotten ihn als Resteverwertung. Doch gut gemachter *bigos* kann ein schmackhaftes Hauptgericht sein. Sauerkraut wird mit frischem Weißkohl, verschiedenen Fleischsorten, Pilzen, Zwiebeln, Pflaumen und Gewürzen durchgekocht und mit Weißbrot oder Kartoffeln serviert. Manchem schmeckt er aufgewämt am besten.
chłodnik – Suppe aus verschiedenen Gemüsesorten, die kalt gegessen wird
kaczka z jabłkiem – der Warschauer Klassiker: gebackene Ente und dazu ein heißer Apfel mit Beerenfüllung, gereicht mit Kartoffeln oder Klößen (Foto re.)
kasza gryczana – gekochte Buchweizengrütze, beliebt als Beilage
naleśniki – Polnische Pfannkuchen, französischen Crêpes ähnlich. Süß mit Schokoladensauce oder Früchten und herzhaft mit Fleisch oder Gemüse
pierogi (Piroggen) – Teigtaschen, meist von Hand ausgerollt, gefüllt mit Fleisch *(z mięsem)*, Kraut und Pilzen *(z kapustą i grzybami)*, Quark, Kartoffeln und Zwiebeln *(ruskie)*, süßem Quark *(z serem)* oder rotem Obst *(z owocami)*
żurek – saure Suppe aus vergorenem Roggenschrot mit Knoblauch, Majoran, Fleisch, Speck oder Wurst – manchmal ganz traditionell im ausgehöhlten Brötchen serviert

Tel. 795633626 | www.groole.pl | Tram 4, 15, 18, 35 Plac Konstytucji, Metro Politechnika | €

KUŹNIA SMAKU (121 D6) *(◫ D6–7)*
Polnische Küche, vergleichsweise leicht zubereitet – auch kaukasische und jüdische Einflüsse spielen mit hinein. Richtig lecker ist die Gänsekeule. *Tgl. ab 12 Uhr | Ulica Mazowiecka 10 | Tel. 228263024 | www.kuzniasmaku.pl | Metro Świętokrzyska* | €€

PASIEKA (120 C1) *(◫ D4)*
Deftige polnische Gerichte an großen Holztischen. Spezialitäten: Piroggen, Rouladen und Trinkhonig. *Mo–Fr ab 10, Sa/So ab 12 Uhr | Ulica Freta 7/9 | Tel. 228314616 | www.restauracja-pasieka.pl | Bus 116, 178, 180, 503, 518 Plac Krasińskich, Metro Ratusz Arsenał* | €

SŁODKI ... SŁONY ★ (127 D3) *(◫ E9)*
Sieht mit seiner fantastischen Kuchentheke und der gemütlichen Einrichtung wie

ein Café aus. Doch die Küche zaubert auch Salate und eine Handvoll Hauptgerichte. Trotzdem sind die exklusiven Süßspeisen die Hauptattraktion. *Mo ab 11, Di–So ab 10 Uhr | Ulica Mokotowska 45 | Tel. 226224934 | www.slodkislony.pl | Bus 159, 101 Krucza* | €€€

SOUL KITCHEN (126 C4) *(D9)*
Für die Seele: Polnische Küche in frischer, kreativer, fantasievoller Ausführung. Gemütliches Lokal in einer Nebenstraße. Orientiert sich an den Prinzipien der Slow-Food-Bewegung mit saisonalen und regionalen Produkten. *Tgl. ab 12 Uhr | Nowogrodzka 18a | Tel. 519020888 | www.soulkitchen.pl | Metro Centrum* | €€

STARA SZAFA (127 E2) *(F8)*
Traditionsrestaurant, eingerichtet mit antiken Utensilien. Polnische Küche mit internationalen Akzenten. *Tgl. ab 12 Uhr | Ulica Ludna 10 | Tel. 226224812 | www.staraszafa.pl | Bus 101 Czerniakowska* | €€

ZAPIECEK (120 C2) *(D4)*
Nach Warschau kommen und keine Piroggen essen – das geht schon mal gar nicht. Am besten probieren Sie die hier mitten in der hübschen Neustadt. Dazu selbstgemachte Getränke: Kompott und Dickmilch mit Schnittlauch. Weitere Filialen: *Ulica Świętojańska 13* und *Aleje Jerozolimskie 28*. *Tgl.ab 11 Uhr | Ulica Freta 1 | Tel. 228316190 | www.zapiecek.eu | Metro Ratusz Arsenał* | €

VEGETARISCH

KROWARZYWA (126 C3) *(E8)*
Lassen Sie sich nicht einreden, dass Burger unbedingt dicke Fleisch-Pattys haben müssen. Hier ist der Gegenbeweis: unkompliziert und schmackhaft, große Portionen und gute Auswahl. Drei Filialen: *Ulica Marszałkowska 27/35, Aleje Jana Pawła II 41a* und *Plac Żelaznej Bramy 1 (Hala Gwardii)*. *Tgl. | Ulica Hoża 42 | Tel. 516894767 | www.krowarzywa.pl | Tram 4, 15, 18, 35 Hoża* | €

MANGO VEGAN STREET FOOD (126 C2) *(E7)*
Veganes in coolem Hipster- und Studenten-Ambiente – jetzt schon an vier Standorten. Schnell, unkompliziert, lecker. Filialen: *Ulica Dobra 53* , *Ulica Złota* und *Ulica Koszykowa (Hala Koszyki)*. *Tgl. ab 11 Uhr | Ulica Bracka 20 | mangovegan.pl | Tram 7, 9, 22, 24, 25, Metro Centrum* | €

VEG DELI (124 B4) *(E6)*
Genug andere Touristen gesehen für den Moment? In diese kleine Nebenstraße des Trendviertels Powiśle kommen vor allem Einheimische. Alternativer Touch und richtig lecker. *Tgl. ab 12 Uhr | Ulica Radna 14 | Tel. 733669874 | www.vegdeli.pl | Bus 105, 118, 127 Biblioteka Uniwersytecka* | €–€€

Falafel sind leicht und gesund

EINKAUFEN

WOHIN ZUERST?

Wenn Sie auf Shopping und Bummeln stehen, dann sind der **Nowy Świat (124 B5–6)** *(🕮 E7) (Bus 175, 180, 509)* mit der angrenzenden Fußgängerzone **Ulica Chmielna (124 A–B6)** *(🕮 D–E7)* und die Einkaufsgalerie **Złote Tarasy (126 B2)** *(🕮 C8) (Bus, Tram Dworzec Centralny | Metro Centrum)* am Hauptbahnhof die ersten Ziele. Wer etwas mehr Zeit mitbringt und beim Stöbern Besonderes entdecken will, der ist in der **Ulica Mokotowska (127 D3)** *(🕮 E9) (Bus 101, 180, 503 Plac Trzech Krzyży | Metro Centrum)* gut aufgehoben.

Immer mehr Besucher entdecken Polens Hauptstadt als Shoppingcity. Ob traditionelles Kunstgewerbe, Schmuck oder Mode – das Angebot ist riesig und reicht von internationalen Marken bis zu einheimischen Labels.

Warschaus große Einkaufsstraßen heißen *Nowy Świat, Chmielna* und *Marszałkowska*. In der Altstadt prägen feine Boutiquen das Bild. Ein deutlicher Trend geht in Richtung riesiger Einkaufszentren. Die meisten Geschäfte in der Hauptstadt haben (außer sonntags) ab 10 Uhr bis in den späten Abend geöffnet *(abweichende Öffnungszeiten sind angegeben)*. Neben Luxusboutiquen haben sich an vielen Orten noch die Marktstände der Kleinhändler erhalten. Und wenn Sie weder Glitzerzentren noch super-

Bild: Zlote Tarasy

Moderne Einkaufszentren prägen Warschaus neue Marktwirtschaft, doch die Stände der Kleinhändler behaupten sich auch weiterhin

schlichte Stände ansprechen, dann sind die neuen Premium-Straßenmärkte mit Bio- und Slowfood-Erzeugnissen genau das Richtige für Sie.

BÜCHER & MUSIK

EMPIK

Gibt´s inzwischen zwar alles online – Bücher, Musik, Filme, Zeitungen – aber manchmal möchte man eben noch ganz klassisch stöbern. Und dafür ist diese Filiale der polnischen Kette immer noch eine gute Adresse. **(124 B5)** ***(🕮 E7)*** *Ulica Nowy Świat 15/17 | Bus 180, 503 Foksal | Metro Centrum sowie in vielen Einkaufszentren;* **(124 B6)** ***(🕮 D7)*** *Ulica Marszałkowska 116/122 | Metro Centrum | www.empik.com*

KSIĘGARNIA ABE-IPS

(126 C4) ***(🕮 D–E9)***

An diesem Buchladen zwischen Hala Koszyki und Plac Konstytucji kommen Sie ziemlich sicher sowieso vorbei. Also warum nicht reinschauen und schmökern?

Zumal sehr viele englischsprachige Titel dabei sind. *Ulica Koszykowa 34/50 | www.abe.pl | Tram 4, 15, 18, 35 Plac Konstytucji*

VINYL TAMKA (126 B6) (*🕮 E7*)
Ach, gibt´s für Musikfans was Schöneres als in einem kleinen vollgestopften Plattenladen nach Schätzen zu suchen? Dieser liegt noch dazu stilecht in einem Hinterhof, mitten in der kleinen Fußgängerzone. *Mo–Fr 11–19, Sa 11–17 Uhr | Ulica Chmielna 20 | www.facebook.com/vinyltamka | Metro Centrum*

Erinnerungsstücke an Polen mit Stil gibt es in den Cepelia-Filialen

EINKAUFSSTRASSEN

NOWY ŚWIAT ★ ●
(124 B5–6) (*🕮 E7*)
Schmuck, Kunstgalerien und exklusive Kleidung sowie Schuhe in der einzigen Warschauer Straße, die selbst zu Zeiten des Kommunismus schon elegant war. Heute gehört sie zu den 40 teuersten Boulevards weltweit. Kein Besucher kommt an der „Neuen Welt" vorbei, denn sie ist Teil des Königswegs in Richtung Schloss und Altstadt und an Sommerwochenenden eine reine Fußgängerzone. *Bus 175, 180, 503*

ULICA CHMIELNA
(124 A–B6) (*🕮 D–E7*)
Die Boutiquen stehen in Warschaus einziger Fußgängerstraße außerhalb der Altstadt dicht an dicht, dazwischen zahlreiche Restaurants. Sehr schön ist *Las Rąk (Nr. 9)*, ein etwas anderer Geschenkeladen mit Handgemachtem aller Art – von Tüchern bis Puppen, vieles davon aus Recyclingmaterial. *Metro Centrum*

INSIDER TIPP **ULICA MOKOTOWSKA**
(127 D3) (*🕮 E9*)
Elegante Boutiquen in restaurierten oder in altem Stil neu erbauten Häusern: Hier finden Sie stilvolle Möbel bei *Casa Mia (Nr. 28 | www.casamia.pl)* oder Mode

von Warschaus Design-Jungstar *Anna Kuczyńska (Nr. 61 | www.aniakuczynska.com)*. Im *Perfume Lab (Nr. 61 | www.mo61.pl)* mischen Sie sich Ihre Düfte selbst! Gutes Essen gibt es im modernen *Przegryź (Nr. 52)* oder im eleganten *Ale Wino* (s. S. 62), Kaffee und Kuchen bei *Green Caffè Nero* (s. S. 60) und bei *Lukullus (Nr. 52a). Bus 101, 180, 503 Plac Trzech Krzyży, Metro Centrum*

EINKAUFSZENTREN

ARKADIA (122 A3) *(A–B3)*
Kennen Sie diesen Werbespruch, wenn ein Laden behauptet, „alles unter einem Dach" zu haben? Hier stimmt's wirklich: Supermarkt, Baumarkt, 230 Läden, 30 Restaurants, 15 Kinos sowie eine Stromtankstelle für Elektroautos und eine wassersparende Öko-Waschanlage. *Aleje Jana Pawła II 82 | www.arkadia.com.pl | Bus 500, Tram 17, 33, 35, 41 Rondo Radosława*

ZŁOTE TARASY ★ (126 B2) *(C8)*
Noch so ein Shopping-Monster, das aber eigentlich richtig hübsch ist: wellenförmiges Glasdach, schön hell, eine witzige Rolltreppe über zwei Etagen und viele, viele Geschäfte auf schlappen 225 000 m². Die Lage neben dem Zentralbahnhof und gegenüber dem Kulturpalast ist auch nicht schlecht. *Złota 59 | www.zlotetarasy.pl | Bus, Tram Dworzec Centralny, Metro Centrum*

GESCHENKE & SOUVENIRS

INSIDER TIPP **BANASIK** (126 C3) *(E9)*
Keramik und Glas vom Feinsten, vieles aus polnischer Produktion, u. a. das berühmte Bunzlauer Geschirr mit seinem charakteristischen Dekor. *Ulica Piękna 28/34 | Metro Politechnika, Bus, Tram Plac Konstytucji*

CEPELIA ★
Sie wollen doch bestimmt etwas typisch Polnisches mit nach Hause nehmen? Hier finden Sie anspruchsvolle Volkskunst – Möbel, Schmuck, Malerei, Keramik, Glas. Filialen: *Ulica Chmielna 8* und *Ulica Marszałkowska 99/101 | www.cepelia.com.pl.*

KULINARISCHES

BAZAR POLNA (126 C4) *(D–E10)*
Kleine, feine Markthalle mit Tradition. Hier gab es schon im Kommunismus Luxusware, besonders Lebensmittel. *Ulica Polna 13 | Metro Politechnika*

HALA MIROWSKA (120 A6) *(C6)*
Über 100 Jahre alte Markthalle. Davor ein Meer von Blumen, innen eine beeindruckende Auswahl an Gemüse und Fisch. *Plac Mirowski 1 | Bus 160 | Tram 10, 17, 33, 41 Hala Mirowska*

MARCO POLO HIGHLIGHTS

★ **Nowy Świat**
Die berühmteste Straße der Stadt → S. 70

★ **Złote Tarasy**
Größer geht's kaum – alles unter einem Dach → S. 71

★ **Cepelia**
Perfekt für Souvenirjäger: traditionelle Handwerkskunst → S. 71

★ **E. Wedel**
Die süßesten Souvenirs Warschaus → S. 72

★ **W. Kruk**
Inbegriff eines Warschauer Juweliers → S. 72

Unwiderstehlich in jeder Hinsicht: Café E. Wedel

INSIDER TIPP **MIELŻYŃSKI** (122 A3) *(🕮 A4)*
Der Vorreiter der sich in Warschau ausprägenden Weinkultur betreibt auch ein kleines Bistro. *Burakowska 5/7 | www.mielzynski.pl | Bus 518, Tram 17, 33, 35, 41 Rondo Radosława*

E. WEDEL ★ (126 C2) *(🕮 E7)*
Der Laden von Warschaus bekanntestem Süßwarenhersteller ist eine Attraktion. Klassiker sind die Wedeltorte (Waffel mit Schokomasse) und die *ptasie mleczko („Vogelmilch")*, ein Schokokonfekt, sowie selbst gemachte Pralinen. Wer noch ein Mitbringsel sucht, liegt mit einem der Präsentpakete von Wedel sicher nicht falsch. Probieren Sie auch unbedingt die schön dicke Trinkschokolade im Café! *Ulica Szpitalna 8 | www.wedelpijalnie.pl | Metro Centrum*

MODE & SCHMUCK

CROPP (122 A3) *(🕮 A–B3)*
Junge polnische Mode, die in vielen eigenen Filialen und in Einkaufszentren angeboten wird, wie z. B. im *Arkadia | Aleja Jana Pawła II. 82 | www.cropp.com*

HEXELINE (129 E5) *(🕮 0)*
Gehobene Damenmode made in Poland, im Programm finden sich auch Taschen und Schuhe. *Galeria Mokotów | Ulica Wołoska 12 | www.hexe.com.pl | Tram 17, 18 Rzymowskiego*

W. KRUK ★ (126 C4) *(🕮 E9)*
Der älteste Juwelier Polens ist ein Synonym für edle Geschenke: Seit mehr als 160 Jahren bietet er zeitlosen Schmuck und Uhren an. Viele Filialen, *u. a. Plac Konstytucji 6 | www.wkruk.pl | Tram Plac Konstytucji*

MONNARI (126 C2) *(🕮 D–E8)*
Polnisches Label, das interessante Mode für elegante Frauen jenseits der 30 entwirft. Mehrere Filialen, z. B. *Aleje Jerozolimskie 31 | www.monnari.com.pl | Metro Centrum*

RESERVED (124 A6) *(🕮 D7)*
Günstige Mode mit Pfiff: die bekannteste polnische Marke für legere, trendige Kleidung. *Z. B. Ulica Marszałkowska 104/122 sowie in vielen Einkaufszentren | www.reserved.com | Metro Centrum*

RYŁKO

Die polnischen Schuhe laufen hier super, die (Hand-)Taschen tun es ihnen nach. (122 A3) *(🗺 A–B3) Aleja Jana Pawła II. 82 | im Einkaufszentrum Arkadia | Bus 500, Tram 17, 33, 35, 41 Rondo Radosława sowie in vielen anderen Einkaufszentren und* (124 B6) *(🗺 E7) Ulica Chmielna 5 | Metro Centrum | www.rylko.com*

VISTULA WÓLCZANKA

(126 C3) *(🗺 D8)*

Exklusive Herrenkleidung in lässigem Stil für die Gentlemen Polens, deren Begleiterinnen hier aber auch fündig werden. *Ulica Marszalkowska 85 | www.wolczanka.pl | Metro Centrum*

STRASSENMÄRKTE

INSIDER TIPP GIEŁDA STAROCI NA KOLE

(129 E5) *(🗺 0)*

Alte Uhren, Radios, Möbel und allerlei Nippes werden in der „alten Börse" *(Giełda staroci)* angeboten. Aber Vorsicht: Nicht alle Offerten sind Schnäppchen. Das Feilschen sollten Sie auch nicht vergessen! *Sa/So 6–15 Uhr | Ulica Obozowa 99/Ecke Ulica Ciołka | www.gieldastaroci.waw.pl | Bus 129, 159, 197 | Tram 20, 23, 24 Dalibora*

SLOW MARKET (124 C4) *(🗺 F6)*

An jedem Sommer-Wochenende wird´s am Weichselboulevard noch interessanter als sowieso schon: Bei diesem kulinarischen Straßenmarkt direkt am Ufer können Sie sich vor Büdchen und Anhängern mit Speisen aus aller Welt kaum retten. Kein schmieriges Fast-Food, sondern ein mobiles Angebot Warschauer Restaurants und unabhängiger Köche. Fröhliche Picknick-Atmosphäre von morgens bis abends. Gleich unterhalb der Metrostation und der Figur der Warschauer Seejungfer „Syrenka". *Wybrzeże Kościuszkowskie 12 | www.slowmarket.pl | Metro Centrum Nauki Kopernik*

TARG ŚNIADANIOWY

(122 B2) *(🗺 B2)*

Äußerst sympathischer und freundlicher Frühstücksmarkt – der bis nachmittags andauert und an allen Sommerwochenenden stattfindet. Es gibt hauptsächlich Bio-Lebensmittel aus der Region, die direkt von den Erzeugern kommen, aber auch frische Imbisse, Speisen und Kaffee in entspannter, familiärer Atmosphäre. *Aleja Wojska Polskiego 1a | beim Plac Inwalidów | www.targsniadaniowy.pl | Metro Plac Wilsona*

LOW BUDG€T

Eigentlich sollten die kleinen Märkte und Basare an vielen größeren Kreuzungen längst verschwunden sein. Aber es gibt sie noch, z. B. die Buden vor der *Sadyba-Mall* **(129 E5)** ***(🗺 0)*** *(Bus 180 Sadyba)* oder an der Kreuzung Ulica Puławska/Aleje Lotników **(125 E5)** ***(🗺 0)*** *(Metro Służew)*. Zwischen alltäglichen Lebensmitteln finden sich Delikatessen zu Niedrigpreisen, z. B. feine Gewürze aus Asien.

Das Interessante spielt sich draußen ab. Die Markthalle *Hale Banacha* **(129 D5)** ***(🗺 A11)*** *(Mo–Sa 7.30–21, So 9–16 Uhr | Ulica Grójecka 95 | www.halebanacha.pl | Tram 7, 9, 15, 25 Hale Banacha)* ist von vielen Ständen umgeben. Auf einer Seite werden frische Lebensmittel angeboten, auf der anderen hauptsächlich günstige Bekleidung. Wenn Sie Spaß daran haben, handeln Sie mit den Verkäufern.

AM ABEND

WOHIN ZUERST?

Rund um die **Metrostation Świętokrzyska (122 C1)** ***(D7)*** findet sich eine Reihe spannender Locations, vor allem in den Straßen **Mazowiecka** und **Sienkiewicza**. Von dort ist es nicht weit in die Kinoteka im Kulturpalast und zum Teatr Wielki, wo man auch gut parken kann. Wer es eher alternativ-avantgardistisch liebt, sollte nach **Praga** zum **Dworzec Wileński (120–121 C–D2)** ***(G4)*** *(u. a. Bus 160, 527, Tram 20, 23)* fahren. Richtig viel Spaß machen laue Sommerabende in Powiśle und an den neuen Weichselboulevards **(124 C4)** ***(F6)***.

Die Nacht zum Tag machen? Nichts leichter als das. Warschaus Nachtschwärmerszene boomt und pulsiert so heftig, wie es kaum ein Gast aus dem Westen im katholischen Polen erwartet.

Alles ist in Bewegung. Besonders im Bermudadreieck der Straßen Marszałkowska, Świętokrzyska und Mazowiecka öffnen fast im Monatsrhythmus neue Lokale, Diskos und Clubs, andere verschwinden genauso schnell wieder. Dabei hat das Warschauer Nachtleben durchaus auch eine ernsthafte Seite zu bieten. Die festlichen Abendaufführungen der nationalen Philharmonie etwa sind landesweit berühmt und locken zahlreiche Besucher nicht nur aus Polen an. Wie auch immer, für den Nachhauseweg ist gesorgt: Nachtbusse, die im

Wo tagsüber Geschäftsleute durch die Straßen eilen, erwacht die Stadt nachts zu ihrem zweiten Leben – und weiß sich zu vergnügen

Halbstundentakt vom Zentralbahnhof aus in alle Richtungen ausschwärmen, machen den Feierabend zu einem autofreien Vergnügen.

Warschaus Nachtleben hat auch seine Schattenseiten. So empfangen viele Clubs, die besonders trendy sind oder sich zumindest dafür halten, den Besucher mit einer sogenannten Selektion. Wenn dem Türsteher das jeweilige Gesicht nicht gefällt, wird er nach Einladung oder Clubkarte gefragt, was bedeutet, dass man nicht hineinkommt. In solchen Lokalen zahlen die Gäste oft Eintrittsgelder von ca. 10 Euro und mehr. Ohnehin sind die Eintrittspreise für Diskotheken und Clubs in Warschau hoch. Dafür kommen Frauen oft gratis hinein, zumindest an Wochentagen. Weniger elitär geht es in Studentenclubs wie dem *Stodoła* zu. Auch viele Restaurants haben abends regelmäßig Livemusik im Programm. Und musikalisch hat Warschau eine Vielfalt zu bieten, wie sie nur ein Schmelztiegel der Kulturen zwischen Ost und West hinbekommen kann. Voll auf ihre Kosten kom-

men Jazzfans: Wer den Offbeat mag, wird die Hauptstadt lieben.
In einer Stadt, in der sogar die Hauptpost durchgehend arbeitet, gehören zum Nachtleben auch 24-Stunden-Lokale und Restaurants, in denen Sie noch nachts ein deftiges Essen bestellen können – etwa in der *Hala Koszyki*. Kurzum: Man ist flexibel, die gängige Regel lautet: „Schluss ist nach dem letzten Gast."

Bietet längst mehr als nur Jazz: Klub Tygmont

CLUBS

BANK CLUB (121 D6) *(🕮 D6)*
Die Club-Straße Mazowiecka kommt nachts sieben Tage die Woche nicht zur Ruhe. Ein bisschen schicker ist's hier, aber abgetanzt wird trotzdem. Die Türsteher sind meist ok. *Fr/Sa 22–5 Uhr | Ulica Mazowiecka 14 | Tel. 2 24 68 85 10 | bankclub.pl | Metro Świętokrzyska*

KLUBO (121 D6) *(🕮 E7)*
Club und Café unter einem Dach, augenzwinkernd im kommunistischen Stil mit Propagandaplakaten und anderen Relikten eingerichtet. Sehr beliebt, großer Andrang, nicht jeder kommt hinein. Musik u. a. Acid Jazz, House. *Fr/Sa 22–7 Uhr | Ulica Tadeusza Czackiego 3/5 | www.klubo.pl | Metro Świętokrzyska*

KLUB TYGMONT (121 D6) *(🕮 D7)*
Lange Zeit eine der ersten Adressen für Jazzfreunde im Club- und Kneipenviertel der Stadt. In den letzten Jahren aber mehr und mehr zum klassischen Club mit Elektro, Latinoklängen, Trip-Hop, Disko und Türsteher geworden. *Mi–Sa ab 22 Uhr | Mazowiecka 6/8 | www.tygmont.com.pl | Metro Świętokrzyska*

MIŁOŚĆ KREDYTOWA 9
(124 A5) *(🕮 D7)*
Dass es Liebe *(miłość)* hier auf Kredit gibt, ist nicht wahr, sondern nur dem Wortspiel im Titel geschuldet. Und Kredytowa 9 ist einfach nur die Straßenadresse. Techno, HipHop, R 'n 'B, nette Location mit Stil. Essen gibt's auch. *Tgl. 10 Uhr–open end | Kredytowa 9 | Tel. 2 26 57 21 83 | kredytowa9.pl*

INSIDER TIPP **PAPROTKA**
(121 D5) *(🕮 D6)*
Einer der beliebtesten Warschauer Clubs, hip (oder snobistisch, je nach Geschmack), mit dezent unterkühlter Atmosphäre und schicken Sofas. *Fr/Sa ab 21 Uhr | Plac Piłsudskiego 9 | www.paprotka.pl | Bus 111, 222 Plac Teatralny*

INSIDER TIPP **PEWEX** (124 B5) *(🕮 E7)*
Pewex ist jedem Polen ein Begriff. In den Läden dieses Namens konnte man zu

Kommunismuszeiten Westwaren kaufen. Nostalgischer Charakter, aber gleichzeitig trendy mit 1970er-Jahre-Design. House, Deep House, Elektro. *Tgl. 16–2 Uhr | Ulica Nowy Świat 22/28 | Pavillon 26 (im Hinterhof) | Bus 175, 180, 503 Foksal, Metro Nowy Świat/Uniwersytet*

STODOŁA ★ (126 C6) (*D11*)
Großer Studentenclub mit 50-jähriger Tradition. Hervorragende Konzerte (Rock, Jazz, Techno, Latino-Sound). Offen und unkompliziert. *Mo–Sa ab 9 Uhr | Ulica Batorego 10 | www.stodola.pl | Metro Pole Mokotowskie*

INSIDER TIPP ULICA OLEANDRÓW
(127 D5) (*E10*)
Diese kleine, versteckte Seitenstraße der großen Ulica Marszałkowska, wenige hundert Meter vom Plac Zbawiciela entfernt, hat so gut wie keinen Autoverkehr, dafür gleich eine Handvoll höchst entspannter und freundlicher, junger Kneipen. In der gemütlichen *Bardziej Gastrobar (tgl. ab 12 Uhr | www.bardziejbar.pl)* gibt´s gutes Fassbier, tolle Drinks und Snacks, bei *Okienko (Mo–Mi 16–24, Do–Sa 16–1, So 16–23 Uhr | www.facebook.com/okienkonapolnej)* belgische Pommes.

KINOS

INSIDER TIPP KINO.LAB
(127 E4) (*F10*)
Kleines, unabhängiges Kino mit Kunstgalerie. Wer in der alternativen Kunstszene hip sein will, der muss sich hier sehen lassen. *Zamek Ujazdowski | Ulica Jazdów 2 | Tel. 226 28 12 71 | www.kinolab.art.pl | Bus 116, 180, 195, 503 Plac Na Rozdrożu*

KINOTEKA ★ ● (126 B2) (*D8*)
Moderner Kinokomplex im historischen Gebäude des Kulturpalasts. Gute Blockbuster und anspruchsvollere Filme, so wie in Polen üblich im Original mit polnischen Untertiteln. *Plac Defilad 1 | Tel. 225 51 70 70 | www.kinoteka.pl | Metro Centrum*

KNEIPEN

BOSKA PRAGA (123 F4) (*F4*)
Das „göttliche Praga" auf der rechten Weichselseite bietet kreative Küche in moderner Deko mit Ziegelwänden und viel Holz. Perfekt für das „Warmwerden" vorm Clubbing. *Mo–Do 8.30–22, Fr 8.30–23, Sa 9–23, So 9–21 Uhr | Ulica Okrzei 23 | Tel. 224 04 54 89 | www.boskapraga.pl | Bus 162 Sierakowskiego, Metro Dworzec Wileński*

MARCO POLO HIGHLIGHTS

★ Stodoła
Der Club mit den besten Konzerten der Stadt → S. 77

★ Kinoteka
Hollywoodstars in der stalinistischen Atmosphäre des Kulturpalasts, eine gelungene Verbindung → S. 77

★ Charlotte
Einfach nur Bier ist out. Das hippe Warschau trifft sich bei Wein und Brot → S. 78

★ Teatr Muzyczny Roma
Bekannte Musicals mit Glanz, Glitter und allem, was dazugehört → S. 80

★ Teatr Wielki
Klassizistischer Musentempel, in dem Nationaloper und Nationaltheater beheimatet sind → S. 81

ČESKÁ BEER RESTAURANT
(127 D2) ***(🗺 D7)***
Schon klar, dass wir hier in Polen sind, aber tschechische Biere schmecken einfach so gut – und in dieser gemütlichen Restaurant-Kneipe der kleinen Warschauer Fußgängerzone noch etwas besser. *Mo–Do 12–23, Fr/Sa bis 24, So bis 22 Uhr | Ulica Chmielna 35 | Tel. 6 02 33 34 44 | ceska.pl | Metro Centrum*

CHARLOTTE ★ (127 D4) ***(🗺 E9)***
Von wegen Bier! „Brot und Wein" ist das Motto dieses Cafés am hübschen Plac Zbawiciela, das von 7 Uhr (am Wochenende ab 9 Uhr) bis Mitternacht oder länger junge Warschauer geradezu in Scharen anlockt und in kürzester Zeit zum Treffpunkt schlechthin avancierte. Hier will man gesehen werden, im Sommer auch gern an den Tischen auf dem breiten Bürgersteig draußen. Die Gäste genießen französisches Gebäck und Imbisse. *Plac Zbawiciela | www.bistrocharlotte.com | Tram 4, 15, 18, 35 Plac Zbawiciela, Metro Politechnika*

LOW BUDG€T

Ins *Hybrydy* **(126 C2)** ***(🗺 D7)*** *(Di–Do 21–3, Fr/Sa 21–4 Uhr | Ulica Złota 7/9 | www.hybrydy.com.pl | Metro Centrum)* unbedingt den Studentenausweis mitnehmen, dann kostet der Eintritt in den beliebten Studentenclub nur die Hälfte.

Die Gratiskonzerte im *Schloss Wilanów* **(129 E5)** ***(🗺 0)*** *(So 19 Uhr | Info-Tel. Englisch oder Deutsch: 2 25 44 27 00 | dop@muzeum-wilanow.pl | www.wilanow-palac.pl | Bus 116, 180, E-2 Wilanów)* sind ein Klassik-Leckerbissen.

Die Polen sind Freiluftfanatiker! Der Sommer ist voll von Gratis-Konzerten in den Parks, Happenings und Picknicks „unter dem Wölkchen", wie man auf Polnisch für „unter freiem Himmel" sagt. Termine z. B. in „Warsaw in your pocket" *(www.inyourpocket.com/warsaw)*.

HOPPINESS BEER & FOOD
(127 D2) ***(🗺 D7)***
Eigentlich das perfekte Warschauer Lokal: immer etwa zehn wechselnde Biersorten vom Fass (darunter Craft Beer), richtig leckere Burger und Rippchen sowie eine sehr entspannte Stimmung in der kleinen, lebhaften Fußgängerzone. Dazu recht günstig. Einziges Manko: Die Kneipe ist so beliebt, dass sie schnell voll wird. *So–Do 11–24, Fr/Sa 11–2 Uhr | Ulica Chmielna 27/31 | hoppiness.ontap.pl | Metro Centrum*

INSIDER TIPP **ŁYSY PINGWIN**
(125 D2) ***(🗺 G4)***
Eigentlich eine einfache Kneipe, und doch ist der „glatzköpfige Pinguin" ein richtig cooles Lokal. Sofas in Zebramuster, eine Bar und ein paar Steh- und Sitzplätze. Mitten im alten Praga. Jazz, Chill-out, R 'n 'B. Regelmäßig DJ-Abende. *Mo–Do 16–23, Fr–So bis 2 Uhr | Ulica Ząbkowska 11 | www.facebook.com/lysypingwin | Bus 101, 138, 302 Ząbkowska*

INSIDER TIPP **PO DRUGIEJ STRONIE LUSTRA (124 B5)** ***(🗺 E7)***
„Auf der anderen Seite des Spiegels" – das ist auf Deutsch der kuriose Name dieses Lokals, das einst zu den festen Größen des Stadtteils Praga gehörte, jetzt aber ins Zentrum umgezogen ist und sich auf den Ausschank von Dutzenden verschie-

Normal? Nein danke! Im W Oparach Absurdu herrscht ein ganz eigener Stilmix

dener Biersorten und Live-Übertragungen von Fußballspielen spezialisiert hat. *Ulica Foksal 16 | www.po2stronielustra.com | Bus 175, 180 Foksal, Metro Nowy Świat/Uniwersytet*

INSIDER TIPP W OPARACH ABSURDU (125 D2) (*G4*)

„In den Dämpfen des Absurden" heißt diese Kneipe im alten Praga mit einem verrückt anmutenden Stilmix: alte Möbel, Sessel und Nähmaschinen mit romantischer Kerzenbeleuchtung. Ungezwungene, ausgelassene Atmosphäre mit eigenem Charakter. Regelmäßig Livemusik und einer der wenigen Orte, an denen auch Warschauer Lieder gespielt werden. Snacks gibt es an der Theke. Achtung: gelegentlich geschlossene Veranstaltungen. Biergarten. *Mo–Do 12–2, Fr/Sa bis 4, So bis 24 Uhr | Ulica Ząbkowska 6 | www.facebook.com/woparachabsurdu | Bus 138 Ząbkowska*

WRZENIE ŚWIATA (124 B5) (*E7*)

Eine Journalistengruppe eröffnete diese „Club-Bücherei" ***(kluboksięgarnia)*** in den spannenden Hinterhöfen der Flaniermeile Nowy Świat, dort, wohin sich die Touristen nicht gerade in Massen verirren. Imbisse, Kaffee, Desserts, bestens aufgelegte Bedienung und sehr, sehr viele Bücher machen den Charme dieses Orts aus. *Mo–Fr 9–22, Sa/So 10–22 Uhr | Ulica Gałczyńskiego 7 | www.wrzenie.pl | Bus 175, 180, 503 Foksal*

KULTURZENTREN

INSIDER TIPP CAFE KULTURALNA (126 B2) (*D8*)

Sympathisches Lokal im *Kulturpalast*. Das zum *Dramatischen Theater (Teatr Dramatyczny)* gehörende Café bietet Lesungen, Filmvorführungen, Konzerte und Performances mit Stil und Anspruch. Dazu eine kleine Karte mit Gerichten zu anständi-

Das Teatr Wielki bietet Nationaloper, Nationatheater und Ballett eine imposante Fassade

gen Preisen. Lecker ist der hausgemachte Kuchen. *Tgl. 12–24 Uhr | Plac Defilad 1 | im Kulturpalast | www.kulturalna.pl | Metro Centrum*

INSIDER TIPP **HALA KOSZYKI**
(126 C4) ***(🕮 D9)***
Unglaublich, dass die Hala erst Ende 2016 eröffnet worden ist. Keiner kann sie sich mehr wegdenken: hippe Restaurants und Streetfood, Bio- und Ethnogeschäfte, aber auch Stand Up-Comedy, Sommerkino, Kunstausstellungen, DJ-Tanzabende (Fr, Sa 19–1 Uhr). Und danach zum rund um die Uhr geöffneten *Restaurant Ćma* (s. S. 64)! *Ulica Koszykowa 63 | Tel. 222218186 | www.koszyki.com | Tram 4, 15, 35*

MUSIK & THEATER

NATIONALPHILHARMONIE (FILHARMONIA NARODOWA) ●
(126 C1) ***(🕮 D7)***
Wichtigster Ort der Stadt für klassische Konzerte mit zwei Sälen. Das Hausorchester ist eines der profiliertesten in Polen, doch auch das international anerkannte Orchester „Sinfonia Varsovia" tritt hier regelmäßig auf. Dazu gibt es Klassikfestivals und -wettbewerbe. *Ulica Jasna 5 | Tel. 225517111 | www.filharmonia.pl | Metro Centrum*

TEATR MUZYCZNY ROMA ★
(126 C3) ***(🕮 D8)***
Das Musicaltheater der Stadt. Durchschnittlich gibt es nur eine Premiere pro Saison, doch die hat es meist in sich. Mit großem Erfolg liefen „Cats" und das „Phantom der Oper" in polnischen Versionen sowie „Tanz der Vampire" nach einer Filmvorlage des polnischstämmigen Regisseurs Roman Polanski. *Ulica Nowogrodzka 49 | Tel. 226288998 | Reservierungen: rezerwacja@teatrroma.pl | www.teatrroma.pl | Metro Centrum*

TEATR POLONIA (126 C3) ***(🕮 E9)***
Gegründet von der berühmten Schauspielerin Krystyna Janda im alten Kinosaal Polonia – eins der wenigen Privat-

theater Warschaus. Große Nachfrage, schnell ausverkauft. INSIDERTIPP An der Kasse neben dem Theater gibt's am frühen Abend selbst bei ausverkauften Vorstellungen noch eine Handvoll Stehplatzkarten. Wer zuerst kommt, mahlt zuerst und kann sich dann im Theatersaal auf die Treppen setzen. *Ulica Marszałkowska 56 | Eingang Ulica Piękna 28 | Tel. 2 26 22 21 32 | www.teatrpolonia.pl | Tram 4, 15, 18, 35 Plac Konstytucji, Metro Politechnika*

INSIDERTIPP TEATR SABAT
(124 B5) ***(🕮 E7)***
Konzerte, Shows, Modenschauen, Galas im edel eingerichteten Revuetheater im Zentrum. Man sitzt an Tischen, in Logen oder im VIP-Bereich. *Ulica Foksal 16 | Tel. 2 28 26 23 55 | www.teatr-sabat.pl | Bus 175, 180, 503 Foksal*

TEATR STUDIO BUFFO (127 D3) ***(🕮 F8)***
Musiktheater mit wechselndem Programm. Ob das Musical „Metro", ein amerikanischer oder ein folkloristischer Abend – das Publikum wird von hervorragenden Sängern unterhalten. Tickets vor Ort und an Vorverkaufsstellen. *Ulica Marii Konopnickiej 6 | Tel. 2 26 22 63 93 | www.studiobuffo.com.pl | Bus 116, 180, 530 Plac Trzech Krzyży*

TEATR WIELKI ★ (120 C4) ***(🕮 D5–6)***
Im „Großen Theater" mit über 200 Jahren Tradition haben Nationaloper *(Opera Narodowa)* und Nationaltheater *(Teatr Narodowy)* ihren Sitz. Besonderer Wert wird bei den Inszenierungen auf polnische Werke gelegt, doch auch alle großen Namen der internationalen Opernwelt sind vertreten. Außerdem gibt es Ballettinszenierungen. Für westliche Gäste sind die meist polnisch gehaltenen Theateraufführungen weniger zu empfehlen als ein Opernbesuch oder ein Ballettabend.
Im 1. Stock des Teatr Wielki liegt Polens einziges ● *Theatermuseum (Mo–Fr 10–14, Sa 10–15 Uhr | Eintritt frei)*. Besonders spannend: die liebevoll gestalteten Kostüme historischer Aufführungen. *Spielzeit Sept.–Juni Di–So | Plac Teatralny 1 | Tel. 2 26 92 02 00 | www.teatrwielki.pl | Bus 111, 222 Plac Teatralny, Metro Ratusz Arsenał*

TEATR ŻYDOWSKI (126 B1) ***(🕮 C7)***
Einziges jüdisches Theater der Stadt, Vorführungen meist in Jiddisch mit polnischer Übersetzung, doch Stücke wie „Anatevka" versteht man auch ohne Sprachkenntnisse. *Plac Grzybowski 12/16 | Tel. 2 28 50 56 56 | www.teatr-zydowski.art.pl | Metro Świętokrzyska*

FIT IN THE CITY

Warschaus Parks bieten viel Platz zum Durchatmen. Das Problem: Die meisten Grünanlagen sind für Radfahrer, Skater und meist auch Jogger gesperrt. Anders im *Paderewski-Park (Park Skaryszewski Im. I. Paderewskiego)* nahe dem Nationalstadion **(125 E–F4)** ***(🕮 H5–6)***. Auf den breiten Wegen dürfen Sie rollen, radeln und rennen. Im Sommer öffnet am *Kamionkowski-See* ein Kanu-, Tret- und Ruderboot-Verleih. Im Park gibt es den Reitstall *Stajnia Pociecha (nahe der Ulica Międzynarodowa | Tram 7, 8, 22, 25, Bus 117, 138, 517 Rondo Washingtona)*, der Unterricht und Bewegungstherapien für Jung und Alt anbietet.

ÜBERNACHTEN

Das waren noch Zeiten vor zehn, 15 Jahren, als Sie in Warschau fast keine vernünftige Unterkunft finden konnten. Jetzt haben Sie eher das gegenteilige Problem: Es gibt zu viele Spitzenangebote.

Natürlich sind die großen Hotelketten fast allesamt vertreten und bieten Ihnen – klar – den gewohnt hohen Standard. Aber halten Sie auch unbedingt Ausschau nach Boutique-Hotels, nach coolen, individuell eingerichteten Hostels mit hohem Niveau und vor allem nach den inzwischen Hunderten von Apartments. Letztere sind aus dem Boden geschossen, bieten sehr guten Standard und liegen oft in alten, von außen äußerst bescheiden wirkenden, Warschauer Wohnblöcken. Weshalb sie diese dann auch mal von innen sehen können ... Die meisten dieser Apartments – die fast immer günstiger sind als ein gutes, aber am Ende doch viel kleineres Hotelzimmer – finden Sie bei *www.booking.com*. Auch bei *Airbnb* wächst das Angebot fast stündlich. Noch hat sich in Warschau fast niemand, wie es in anderen Metropolen der Fall war, über diese Entwicklung beschwert.

Die Hotels bieten zahlreiche Wochenend- und Last Minute-Angebote, weil die meisten ihrer Gäste Geschäftsleute sind und eher an Werktagen hier absteigen. Weshalb schon so mancher die Nacht im schicken Gemäuer zum Schnäppchenpreis verbracht hat. Neben den üblichen Internet-Buchungsportalen können dabei auch die Websites einzelner Hotels hilfreich sein. Kostenloses Wlan gehört üb-

 Bild: Hotel Bristol

Luxusunterkunft, individuell ausgestattetes Künstlerhotel, Apartment oder Hostel: Warschau bietet vielfältige Schlafplätze

rigens fast überall zum selbstverständlichen Standard, das Frühstück ist bei Apartments eher nicht inbegriffen.

HOTELS €€€

POLONIA PALACE ★ (126 C2) (*🕮 D8*)
Hier lebt das elegante Warschau der 1920er- und 1930er-Jahre auf. Prächtig restauriertes Gebäude schräg gegenüber vom Kulturpalast, abends mit seiner Beleuchtung ein echter Blickfang. Elegant und luxuriös im altmodischen Stil. Suiten mit kräftigen Aufpreisen. Das Restaurant bietet eine Mischung aus polnischer und mediterraner Gourmetküche. Wellness- und Fitnessbereich. *206 Zi. | Jerozolimskie 45 | Tel. 2 23 18 28 00 | www.poloniapalace.com | Metro Centrum*

RADISSON BLU CENTRUM HOTEL (126 B1) (*🕮 C7*)
Wenn schon ein internationales Hotel, dann wählen Sie doch dieses mit Top-Standard direkt im Business- und Hochhausviertel, nur wenige Minuten von

Zentrum und Zentralbahnhof entfernt. Zur Verfügung steht in dem Komplex neben Restaurant und Bar auch ein großzügig bemessenes Fitnesszentrum. *311 Zi. | Ulica Grzybowska 24 | Tel. 223218888 | www.radissonblu.com | Metro Rondo ONZ*

RIALTO ★ (126 C3) *(📖 D9)*
Das stilvolle Hotel entstand durch den kompletten Umbau eines unspektakulären Eckhauses. Ganz in der Atmosphäre des Art déco gehalten, dabei intim und persönlich. Jedes Zimmer ist individuell möbliert (mit Originalmöbeln vom Anfang des 20. Jhs.). Zum Haus gehören Fitnessraum, Dampfbad und Sauna. *44 Zi. | Ulica Wilcza 73 | Tel. 225848700 | www.rialto.pl | Metro Politechnika*

LE ROYAL MÉRIDIEN BRISTOL ★
(121 D5) *(📖 E6)*
Hier übernachteten schon Berühmtheiten wie John F. Kennedy, Pablo Picasso und die Rolling Stones. Opernstar Jan Kiepura sang einst auf dem Balkon. Das erste und immer noch größte Warschauer Nobelhotel in exklusiver Lage am Königsweg in einem Gebäude aus dem 19. Jh. ist für Warschau Inbegriff des Luxus: groß und daher wenig individuell. Ausladende Gänge und Konferenzräume unten, die Zimmer aufwendig eingerichtet. Edelrestaurant *Malinowa, Café Bristol* und Bar. *205 Zi. | DZ ab 190 Euro | Krakowskie Przedmieście 42/44 | Tel. 225511000 | www.hotelbristolwarsaw.pl | Bus 116, 175, 180 Hotel Bristol*

Im Rialto wird Luxus neu definiert: Jedes Zimmer ist individuell gestaltet

THE WESTIN WARSAW
(124 A1) *(📖 C7)*
Im Wolkenkratzerviertel, auf das man aus den drei ✨ Panoramafahrstühlen einen grandiosen Ausblick hat. Stilvolle Zimmer und Suiten und exzellenter Service. *361 Zi. | Aleje Jana Pawła II 21 | Tel. 224508000 | www.westin.pl | Metro Rondo ONZ*

HOTELS €€

HAMPTON BY HILTON WARSAW AIRPORT (0) *(🗺 0)*

Wenn Sie z. B. früh zum Flughafen müssen, dann ist dies das Hotel für Sie: nur eine Bushaltestelle, also in Fußweite, vom Airport, modern, komfortabel, super Frühstück – passt! *116 Zi. | Ulica 17 Stycznia 39f | nahe Ecke Żwirki i Wigury | Tel. 222041800 | hamptoninn3.hilton.com | Bus 175 17 Stycznia*

INSIDER TIPP HETMAN (125 D2) *(🗺 G4)*

Beste Übernachtungsalternative auf der anderen Weichsel-Seite, mitten im alten Praga und nahe dem Zentrum. In renoviertem Altbau mit elegantem Flair und ordentlichen Zimmern. Wer nicht ausgetretenen Pfaden folgen will, ist hier richtig. *68 Zi. | Ulica Kłopotowskiego 36 | Tel. 225119800 | www.hotelhetman.pl | Metro Dworzec Wileński*

IBIS

Für alle, die in einer fremden Stadt ein vertrautes Hotel vorziehen, machen die zwei der acht Warschauer Ibis-Standorte, die in Zentrumsnähe liegen, ein solides Angebot. Preisnachlässe am Wochenende. *189 Zi. | Aleja Solidarności 165* (122 A6) *(🗺 C4) | Tel. 225203000 | Tram 10, 20, Bus 171 Okopowa; 333 Zi. | Muranowska 2* (122 C4) *(🗺 C4) | Tel. 223101000 | Bus 127, 503, Tram 18, 35 Muranowska | www.accorhotels.com*

MAMAISON RESIDENCE DIANA (124 B6) *(🗺 E7)*

An der kleinen Fußgängerzone Ulica Chmielna versteckt sich dieses feine Hotel mit Zimmern, die eigentlich eher Apartments sind (alle über 45 m^2), einige sogar mit Balkon. Gepflegte, ruhige und sehr sympathische Atmosphäre mitten im Trubel des Warschauer Zentrums. *46 Zi. | Ulica Chmielna 13 | Tel. 225059100 | www.mamaison.com | Metro Centrum*

INSIDER TIPP MDM (126 C3) *(🗺 E9)*

Das Reizvollste ist die Lage: Das MDM residiert in ebenjenem Haus am Plac Konstytucji, auf das die sozialistische Paradestraße Marszałkowska zuführt. Das hat Stil und verbreitet sein ganz eigenes Flair. Die Zimmer in dem Hotel sind vergleichsweise groß, der Service zuvorkommend, allerdings ist die Einrichtung schon ein wenig in die Jahre gekommen. *120 Zi. | Plac Konstytucji 1 | Tel. 223391600 | www.hotelmdm.com.pl | Metro Politechnika*

MERCURE WARSZAWA GRAND (127 D3) *(🗺 E8)*

Es sollte Sie nicht abschrecken, dass Jogi Löw mit seinen Jungs hier vor der Nie-

MARCO POLO HIGHLIGHTS

★ Polonia Palace
Hier lebt der Glanz des alten, vergessenen Warschau wieder auf → S. 83

★ Kanonia
Preiswert und mitten drin im Geschehen, nur wenige Schritte von Schloss und Marktplatz entfernt → S. 89

★ Le Royal Méridien Bristol
Sophia Loren, Placido Domingo, Douglas Fairbanks, Woody Allen – sie alle waren schon in der Nobelherberge → S. 84

★ Rialto
Neu, aber dennoch traditionsreich, luxuriös, aber nicht snobistisch → S. 84

derlage gegen Italiens Fußballer übernachtete. Tipptopp-Mittelklassehotel in Spazierentfernung zu praktisch allen Sehenswürdigkeiten. Viele Kneipen und Restaurants in direkter Nähe. *299 Zi. | Ulica Krucza 28 | Tel. 225 83 21 00 | www.accorhotels.com | Tram 4, 15, 18, 35 Hoża*

INSIDER TIPP HOTEL REYTAN
(127 D6) ***(🕮 E11–12)***
King-Size-Betten gefällig? Gibt's hier auch. In Spazierentfernung von Parks, Kinos und Pubs, per Metro oder Bus sind es zehn Minuten zum Zentrum. *86 Zi. | Ulica Rejtana 6 | Tel. 222 01 64 00 | www.reytan.pl | Metro Pole Mokotowskie*

SOFITEL VICTORIA (121 D5) ***(🕮 D6)***
Auf den ersten Blick mit seiner bescheidenen Fassade keine Sensation. Aber das traditionsreiche Victoria mit seinem Blick auf den monumentalen Plac Piłsudskiego hat sich über all die Jahre in der Spitzenklasse der Warschauer Hotels gehalten – bei vergleichsweise günstigen Preisen. Wenige Meter zur Altstadt und zum Königstrakt. *343 Zi. | Ulica Królewska 11 | Tel. 226 57 80 11 | www.*

NUR NICHT (VER)SCHLAFEN

Hotelbetten-Diplomatie
Haben Sie schon mal in einer russischen Botschaft übernachtet? Okay, dieses historische Gebäude mit toller Fassade ist auch keine mehr. War es aber. Und außerdem sieht nicht nur das lichtdurchflutete Foyer des *H15* **(126 C3)** ***(🕮 D9)*** *(43 Zi. und Apts. | ab ca. 80 Euro für 2 Pers./Nacht | Ulica Poznańska 15 | Tel. 225 53 87 00 | www.h15boutiqueapartments.com | Tram 4, 15, 18, 35 Hoża |* **€€***)* großartig aus, auch die Apartments sind schick. Hier gibt es nämlich keine Zimmer, sondern richtige kleine Wohnungen, aber mit Hotelservice und allem Drum und Dran. Und dann liegt es auch noch in der spannenden Poznańska-Straße.

Luxus-Kloster
Das exklusive Boutiquehotel *Le Regina* **(120 C1)** ***(🕮 D4)*** *(61 Zi. | DZ 250–1350 Euro (Präsidentensuite) | Kościelna 12 | Tel. 225 31 60 00 | www.leregina.com | Bus 175, 518 Plac Krasińskich |* **€€€***)* liegt in einer ruhigen Straße der Neustadt, nahe dem Marktplatz, in einem kleinen, renovierten Palast aus dem 18. Jh. Mit seinen Säulengängen und dem Innenhof erinnert es an ein Kloster – nur ist es wesentlich luxuriöser. Spa-Bereich mit Pool, Fitnessraum und Sauna, Restaurant *La Rotisserie* mit internationaler Küche, Lobbylounge mit Kamin.

Legendär gute Laune
Das *Oki Doki* **(126 C1)** ***(🕮 D7)*** *(30 Zi. | Plac Dąbrowskiego 3 | Tel. 228 28 01 22 | www.okidoki.pl | Metro Świętokrzyska |* **€***)* ist ein legendäres Warschauer Hostel, in dem immer gute Laune herrscht – und ein künstlerischer Touch, denn jedes Zimmer ist individuell gestaltet. Dazu veranstaltet die Herberge witzige Events wie Piroggen selbermachen, Touren durch die Stadt usw. Das Personal gibt haufenweise Tipps für den Warschau-Besuch und in der Bar können Sie das erste Bier in der Happy Hour für 6 Zł. killen. Filiale in der Altstadt: *Oki Doki Old Town (Ulica Długa 6)*.

accorhotels.com | Bus 102, 105, 107, 174, 178 Zachęta

HOTELS €

DEDEK PARK (125 E4) *(🗺 H5)*
Das kleine Hotel liegt ruhig im Park Skaryszewski und am See Kamionkowskie auf der rechten Weichsel-Seite in der Nähe des Nationalstadions. Von hier aus sind es gut 2 km bis zum Zentrum. Traditionelles polnisches Essen bekommt man in der zum Hotel gehörenden *Karczma u Dedka. 24 Zi., 1 Apt. | Aleje Zieleniecka 6/8 | Tel. 2 26 19 77 81 | www.dedek.pl | Tram 7, 8, 25 Aleje Zielenecka*

IBIS BUDGET WARSZAWA CENTRUM (127 F2) *(🗺 G8)*
Das günstigste Standardhotel. Die Zimmer sind sehr einfach eingerichtet, aber praktisch und funktionell: kein Schrank, jedoch TV. *176 Zi. | Zagórna 1 | Tel. 2 27 45 36 60 | www.accorhotels.com | Bus 155, 171, 185 Górnośląska*

MAZOWIECKI (121 D6) *(🗺 D6–7)*
Ein ehemaliges Armeehotel in bester Lage, ganz in der Nähe des Sächsischen Gartens. Im unteren Teil des Gebäudes wird in der *Kuźnia Smaku* gutes polnisches Essen serviert. Einfache Einrichtung in einem inzwischen renovierten Haus: 41 der 56 Zimmer haben ein Waschbecken, der Rest ein eigenes Bad. Wenn Sie Geld sparen und gleichzeitig ein wenig fast schon vergessene sozialistische Atmosphäre schnuppern wollen. *Mazowiecka 10 | Tel. 2 28 27 23 65 | www.hotelewam.pl | Bus 116, 175, 180 Ordynacka, Metro Świętokrzyska*

PLATINUM HOTEL & RESIDENCE WILANÓW (129 E5) *(🗺 O)*
Was müssen Sie tun, um günstig zu übernachten und trotzdem Spitzenstandard

Luxuriöser Rückzugsort in der Neustadt: Le Regina

zu genießen? An den Stadtrand gehen. Dabei ist dieser neue Stadtteil nahe Tempel der Göttlichen Vorsehung und Warschaus schönstem Schloss sogar ziemlich schick und sehenswert. Und per Bus sind Sie in einer Viertelstunde im Zentrum. Elegant-simple, moderne und geräumige Zimmer sowie Apartments. Echt preiswert. *71 Zi., 94 Ap. | Ulica św. Urszuli*

Bietet sogar Zimmer mit Blick auf den Altstadtmarkt: das Kanonia Hostel

Ledóchowskiej 12 | Tel. 222636363 | www.platinumresidence.com/wilanow | Bus 217 522 Branickiego

PREMIERE CLASSE (126 A3) (*🕮 B8*)
Für Minimalisten: In den (sauberen) Zimmern (kleines Bad) stehen ein Bett, ein Tisch und ein Stuhl. *126 Zi. | Towarowa 2 | Tel. 226240800 | www.premiere-classe-warszawa.pl/en | Bus 127, 130, 175, Tram 7, 8, 9 Plac Zawiszy*

APARTMENTS & GÄSTEZIMMER

Dutzende Spitzenapartments von Privatvermietern, teils sehr preiswert, gibt´s bei *www.booking.com*, in diesem Fall der wichtigsten Internetseite für Warschau.

BABKA TOWER SUITES
(122 A4) (*🕮 A–B4*)
Nicht abschrecken lassen: Der Babka Tower ist nicht das schönste Hochhaus Warschaus, aber die Apartments sind top; modern, komfortabel, tolle Aussicht. Gleich um die Ecke: das Arkadia-Einkaufszentrum. Ins Zentrum 10–15 Minuten. *50 Apts. | Aleje Jana Pawła II 80/D44, Penthouse D, 10. Stock, Eingang von Ulica Dzika, Treppenhaus D | Tel. 226373273 | www.babkatower.com | Metro Dworzec Gdański | €€*

INSIDER TIPP **GO APARTMENTS**
(0) (*🕮 A8*)
Neun elegant eingerichtete Apartments im neu gebauten Quartier *19 Dzielnica (19. Viertel)*. 2–3 km zum Zentrum, aber dennoch gut gelegen nahe Zentral- und Westbahnhof sowie mit guter Verbindung zum Flughafen. Privatvermieung, daher günstiger als manches Mittelklassehotel. Direkt nebenan: nettes Lokal *Bydło i Powidło. Ulica Kolejowa 45 | Tel. 724496458 | www.go-apartments.pl | Tram 7, 9, 22, 24, 25 Plac Zawiszy, Metro Rondo Daszyńskiego*

ROYAL ROUTE RESIDENCE
(124 B6) *(🕮 E7)*
Einzel-, Mehrfachapartments, Studios – neu, sauber, voll ausgestattet. Beste Lage direkt an der Fußgängerzone Chmielna und der Nowy Świat, nur wenige Schritte von fast allen wichtigen Sehenswürdigkeiten entfernt. *Ulica Nowy Świat 29/3 | Tel. 2 26 92 84 95 | www.royalrouteresidence.com | Bus 175, 503 Foksal | €*

ST. ANDREW'S PALACE
(124 A6) *(🕮 D7)*
In der schönen Ulica Chmielna in einem klassischen Warschauer Hinterhof. Vollständig modernisiertes Gebäude, aber im Stil von 1900. 24 Suiten mit kompletter Ausstattung. Nobel und recht teuer: Suiten ab 120 Euro, günstiger wird es bei längerem Aufenthalt. *Ulica Chmielna 30 | Tel. 2 28 26 46 40 | www.residence.com.pl | Metro Centrum | €€€*

HOSTELS

INSIDER TIPP **ADVENTURA HOSTEL**
(125 E6) *(🕮 0)*
Hervorragendes kleines Hostel in der Kneipen- und Restaurantstraße im schicken Saska Kępa, rechts der Weichsel, gleich neben dem Nationalstadion, mit im wahrsten Sinne preiswerten Zimmern. Freundliches Personal, nette Stimmung, gutes Frühstück. *5 Zi. | ab ca. 12 Euro Pers./Nacht im Mehrbettzimmer | Ulica Francuska 11a/10 | Tel. 7 20 88 91 33 | www.adventura.waw.pl | Bus 117, 138, 146 Francuska | €*

INSIDER TIPP **DOM PRZY RYNKU**
(120 C1) *(🕮 D4)*
Am stimmungsvollen Neustadtmarkt im frisch renovierten historischen Gebäude. Nur im Juli und August und an Wochenenden für Besucher geöffnet, sonst dient das Haus als Kinderheim. Individuelle Zimmer mit Charakter. Etagenbad, moderne Küche. *40 Plätze (2–5 Pers./Zi.) | Rynek Nowego Miasta 4 | Tel. 2 28 31 50 33 | Metro Ratusz Arsenał | €*

KANONIA ★ **(121 D2)** *(🕮 D5)*
Das Hostel liegt mitten in der Altstadt nur wenige Schritte von Schloss und Marktplatz entfernt. Frisch renoviert und sauber, Zimmer für 2–10 Pers. *9 Zi. | Jezuicka 2 | Tel. 2 26 35 06 76 | www.kanonia.pl | Bus Plac Zamkowy | €*

LOW BUDG€T

Genial gelegen ist das einfache, wirklich günstige *Moon Hostel Warszawa* **(127 D2)** *(🕮 E7) (Ulica Foksal 16 | Tel. 2 24 68 00 66 | moonhostel.pl)* mit seinen Doppel- und Mehrbettzimmern gleich neben der Nowy Świat. Kein Party-Hostel, aber Kneipen gibt´s vor der Tür schließlich genug. Rezeption rund um die Uhr.

Der Campingplatz *Camping Motel WOK* **(129 E5)** *(🕮 0) (Ulica Odrębna 16 | Tel. 2 26 12 79 51 | www.campingwok.warszawa.pl)* liegt noch auf dem Stadtgebiet von Warschau. Kleiner, aber ordentlicher und bezahlbarer Platz mit sehr gutem Niveau.

Im *Tatamka-Hostel* **(127 D1)** *(🕮 F7) (27 Zi., 2 Ap. | Ulica Tamka 30 | Tel. 2 28 26 30 95 | www.tatamkahostel.pl | Metro Centrum Nauki Kopernik)* gibt´s nette Zimmer in super Lage zwischen Königstrakt und Weichsel. Wenn Sie „Der mit dem Wolf tanzt" gesehen haben, verstehen Sie auch den Namen Tatamka.

ERLEBNISTOUREN

1 WARSCHAU PERFEKT IM ÜBERBLICK

START: ① Café Blikle
ZIEL: ⑰ Plac Zabaw

10 Stunden
reine Fahr-/Gehzeit
3 Stunden

Strecke:
➡ **10 km**

KOSTEN: Eintritte 8 Euro, Fahrradmiete 0,20 Euro (einmalig mind. 2 Euro), Fahrt mit Fahrradrikscha ca. 8 Euro, Bus-/Metroticket 0,80 Euro
MITNEHMEN: Bequeme, wetterfeste Kleidung fürs Fahrrad

ACHTUNG: Um ein Rad ausleihen zu können, müssen Sie sich bei *www.veturilo.waw.pl* registrieren. Seien Sie im Straßenverkehr auf alles gefasst: Viele Autofahrer schneiden Radler nicht selten oder nehmen ihnen die Vorfahrt.

Sie wollen die einzigartigen Facetten dieser Stadt entdecken? Dann los! Noch einfacher wird es mit der Touren-App: Laden Sie sich die Tour über den QR-Code auf Seite 2/3 oder über die Webadresse in der Fußzelle auf Ihr Smartphone – damit Sie auch offline die perfekte Orientierung haben. Bei Änderungen der Tour ist die App auf dem neuesten Stand und weicht ggf. von den Erlebnistouren im Buch ab. In diesem Fall finden Sie in den Events & News (s. S. 2/3) die neueste Tour als PDF.

TOUREN-APP

→ S. 2/3

Diese Tour führt Sie selbstverständlich zu vielen, aber längst nicht zu allen Sehenswürdigkeiten Warschaus. Doch eines steht fest: Am Ende dieses mit spannenden Erlebnissen vollgepackten Tages werden Sie einen perfekten und umfassenden Eindruck von all den verschiedenen Facetten der Metropole haben.

09:00 Starten Sie den Tag geruhsam im traditionellen **1 Café Blikle → S. 60**, der ältesten Warschauer Konditorei **auf dem Einkaufs- und Gastronomieboulevard Nowy Świat → S. 70**. Dort gibt es die berühmtesten *pączki* (Krapfen/Berliner) der Stadt.

1 Café Blikle

2 Ulica Chmielna

3 Kulturpalast

10:00 Nach diesem feinen Frühstück wird es Zeit für einen Überblick: **Verlassen Sie das Café nach rechts und biegen Sie gleich wieder rechts in die 2 Ulica Chmielna → S. 70** ein, jetzt befinden Sie sich in Warschaus einziger Fußgängerzone außerhalb der Altstadt. **Am Ende der Straße erleben Sie im Tunnel unter der Marszałkowska-Straße** den typischen „Warschauer Untergrund" mit seinen Lädchen und Verkaufsständen. **Immer geradeaus geht es** zum unübersehbaren **3 Kulturpalast → S. 44**: Von der Aussichtsplattform in 114 m Höhe wandert der Blick von den ausgedehnten Anlagen des Powązki-Friedhofs → S. 54 im Nordwesten über die Weichsel bis hin zum Nationalstadion → S. 50 im Osten.

11:30 Einkaufsgalerien gehören im Wirtschaftswunderland Polen zu den Attraktionen. Die ❹ **Złote Tarasy → S. 71** sind die zentrale Adresse für Shoppingbegeisterte: **Sie umrunden den Palast zur Hälfte und streben dann direkt auf die Shopping Mall zu.** Ein kleines Erlebnis darin: die superlange Rolltreppe direkt in den zweiten Stock. **Verlassen Sie die Zlote Tarasy nach rechts, unterqueren Sie die Aleje Jerozolimskie und gehen Sie an dieser Hauptverkehrsstraße einige Schritte nach links bis zum** ❺ INSIDER TIPP **Fotoplastikon** *(Mi–So 10–18 Uhr | Eintritt 6 Zl., Do frei | fotoplastikonwarszawski.pl)*, einer über hundert Jahre alten Warschauer Institution voll faszinierender dreidimensionaler Bilder der Stadt – vieles davon für immer verschwunden und zerstört.

13:30 Schnappen Sie sich nach dieser ebenso kurzen wie eindrucksvollen Reise in die Vergangenheit ein städtisches Mietfahrrad, gegenüber dem Bahnhof bei der ❻ **Leihstation Emilii Plater**. **Radeln Sie auf der Ulica Emilii Plater vorbei am Kongresssaal des Kulturpalasts zum Grzybowski-Platz und geradewegs auf die** ❼ **Nożyk-Synagoge → S. 45** zu. Tauchen Sie bei einer kurzen Besichtigung in das einst ungemein wichtige jüdische Warschau ein. **Nehmen Sie nun die Ulica Królewska nach rechts,** steigen Sie ab und machen Sie einen kleinen Spaziergang durch Warschaus grüne Oase, den ❽ **Sächsischen Garten (Ogród Saski) → S. 43 und über den** ❾ **Piłsudski-Platz → S. 42** mit dem ewigen Feuer am **Grab des Unbekannten Soldaten → S. 42** und der schwarzen Himmelstreppe.

14:15 **Fahren Sie weiter geradeaus bis zur Ulica Krakowskie Przedmieście**, Teil des Königswegs. **Biegen Sie nach links ab, lassen Sie das Hotel Bristol → S. 84** und den **Präsidentenpalast** an sich vorbeirauschen **und schieben Sie ihren Drahtesel an der Ecke zur Ulica Trębacka zurück in einen Ständer der Veturilo-Station. Wenige Schritte weiter biegt die Krakowskie Przedmieście links ab.** Zeit für ein gutes und sehr polnisches Mittagessen: hausgemachte Teigtaschen bei ❿ **Zapiecek** *(Tgl. 11–23 Uhr | Krakowskie Przedmieście 55 | Tel. 2 26 92 72 04 | www.zapiecek.eu)*.

15:15 Bei der Verdauung hilft ein Spaziergang durch die Gassen der **Altstadt → S. 29**. **Schlendern Sie die Krakowskie Przedmieście hinunter und besuchen Sie die prachtvoll ausgestattete** ⓫ **Sankt-Annen-Kirche → S. 33. Auf dem Schlossplatz (Plac Zamkowy) → S. 34 passieren**

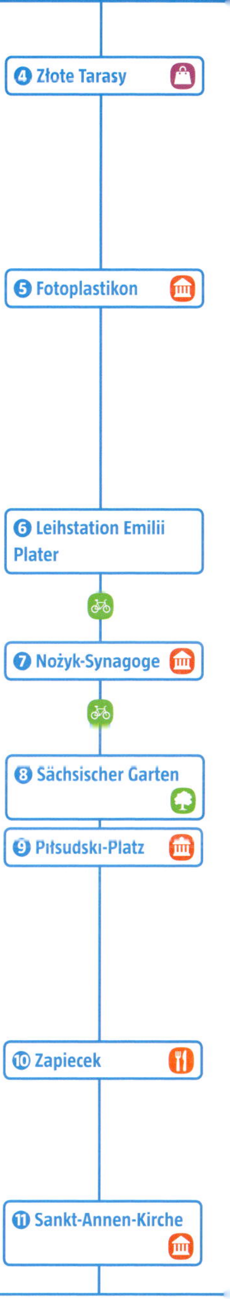

⓬ Sigismundsäule
⓭ Königsschloss
⓮ Syrenka
⓯ Bombonierka
⓰ BAM Korean Street Food
⓱ Plac Zabaw

Sie die ⓬ Sigismundsäule → S. 34, bevor Sie den Ausblick auf die Weichsel und den Stadtteil Praga genießen und das **⓭ Königsschloss → S. 32** besichtigen. Vorbei an der Wappenfigur **⓮ Syrenka → S. 30 auf dem Altstadtmarkt geht es durch die historische Stadtmauer in die Neustadt → S. 34** mit zahlreichen Kneipen, Restaurants und Cafés **auf der langen, hübschen Ulica Freta**. Genießen Sie Kaffee, Tee, heiße Schokolade oder einen Imbiss im **⓯ Bombonierka** *(Mo–Fr 8–20, Sa/So 8–21 Uhr | Ulica Freta 29/31 | Tel. 6 04 28 15 11)*.

18:30 Danach wird's Zeit für eine Fahrradrikscha: **Lassen Sie sich am Großen Theater (Teatr Wielki) → S. 81 vorbei zum Schlossplatz kutschieren. Dort angekommen, nehmen Sie einen beliebigen Bus, fahren zwei Haltestellen den Königstrakt entlang bis Ordynacka, wechseln an der wenige Meter entfernten Station Nowy Świat Uniwersytet in die Metro und steigen an der nächsten Haltestelle Centrum Nauki Kopernik unten an der Weichsel aus.** Dort pulsiert im Sommer das Leben am Fluss mit Bars, Kneipen und Strandfeeling. Essen Sie zu Abend im authentisch asiatischen Strandlokal **⓰ BAM Korean Street Food** *(Mai–Sept. 14–24 Uhr | Bulwar Grzymały Siedleckiego)* und lassen Sie den Tag direkt nebenan im **⓱ Plac Zabaw** *(Mai–Sept. ab 11 Uhr)* im Liegestuhl ausklingen, einer Mischung aus Café, Klub, Bühne und Sportplatz.

2 AUF DEM KÖNIGSWEG

START: ❶ Schlossplatz
ZIEL: ❶ Schlossplatz

6 Stunden
reine Fahr-/Gehzeit
3 Stunden

Strecke:
15 km

KOSTEN: Eintritt Palast Wilanów mit Park 6 Euro, Plakatmuseum 2,50 Euro, Busfahrkarten ca. 2,30 Euro, Gondelfahrt 2 Euro, Fahrradmiete 0,20 Euro, Essen 7 Euro

ACHTUNG: Um ein Rad auszuleihen, registrieren Sie sich bei *www.veturilo.waw.pl.* Im Straßenverkehr auf rücksichtslose Autofahrer achten. Gondelfahrten im ❸ Łazienki-Park nur im Sommerhalbjahr

Der ★ Königsweg ist der Weg der Wege, seit Warschau im 16. Jh. Hauptstadt des Königreichs Polen wurde. Erkunden Sie diese glanzvolle Trasse zu Lande, zu Wasser und im Bus!

10:00 **Steigen Sie am ① Schlossplatz → S. 34 in den „Sehenswürdigkeiten-Bus" der Linie 180, nach einer halben Stunde sind sie im 11 km entfernten ② Schloss Wilanów → S. 56**. Schauen Sie sich Palast, Schlosspark und die Exponate im **Plakatmuseum → S. 57** an. **Danach steigen Sie wieder in den Bus Nr. 180, bis zur Haltestelle Gagarina. Über die Ulica Gagarina geht es nach links** in den königlichen **③ Łazienki-Park → S. 54. Spazieren Sie immer der Nase nach, bis zum weißen Palais auf dem Wasser → S. 54**. Drehen Sie ein paar Runden mit einer der Gondeln, die übers Wasser gleiten, bevor Sie **auf Höhe des Palastes links abbiegen und die kleine Anhöhe** mit dem riesigen **Chopin-Denkmal → S. 54** erklimmen.

① Schlossplatz

② Schloss Wilanów

③ Łazienki-Park

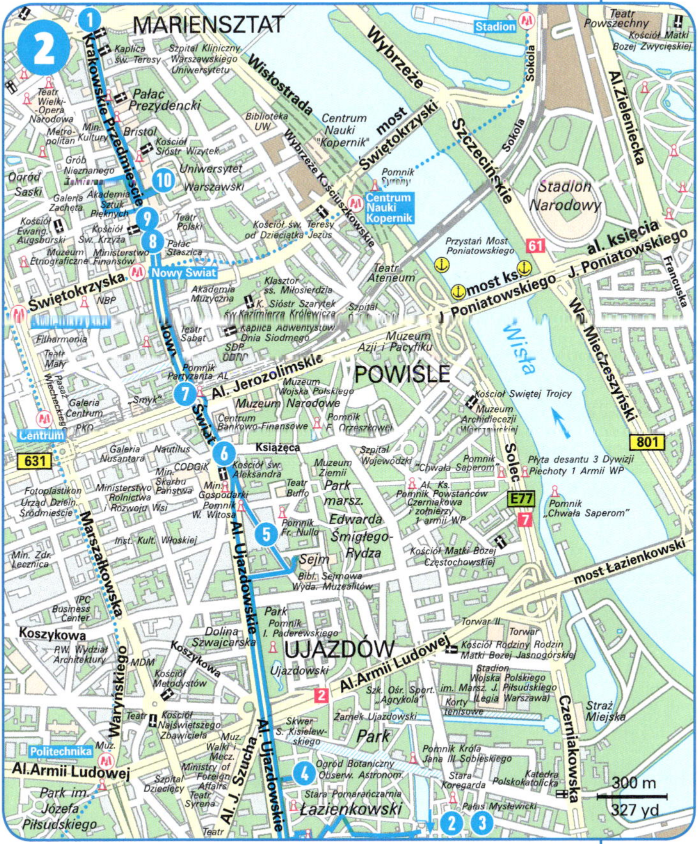

Die Erde dreht sich um die Sonne – Nikolaus Kopernikus veränderte das Weltbild der Menschen

4 Botanischer Garten

5 Czytelnik

6 Plac Trzech Krzyży

7 Rondo de Gaulle

13:00 **Über die Aleje Ujazkowskie spazieren Sie nun zum kleinen** 4 INSIDER TIPP **Botanischen Garten**. Nach einem pflanzenkundlichen Rundgang **mieten Sie sich ein städtisches Fahrrad an der benachbarten Veturilo-Station Ujazdowskie/Plac na Rozdrożu.** Auf dem komfortablen Radweg geht es, vorbei an Repräsentationsbauten und Parks, **beim kleinen Ronald-Reagan-Denkmal nach rechts (Ulica Jana Matejki). Auf der kurzen Allee steuern Sie direkt auf den Sejm → S. 52** zu, das polnische Parlament. **Stellen Sie das Rad an der Veturilo-Station Jana Matejki/Wiejska ab und gehen Sie auf der Ulica Wiejska nach links** zum Lokal 5 **Czytelnik → S. 65**, um sich mit einfacher, günstiger und guter Hausmannskost zu stärken.

15:00 **Spazieren Sie auf der Wiejska bis zum** 6 **Plac Trzech Krzyży**, auf dem die dem römischen Pantheon nachempfundene **Alexanderkirche** aufragt. Machen Sie eine Mutprobe – und **überqueren Sie den Platz mittig auf dem breiten Zebrastreifen ohne Ampel! Es beginnt die Straße Nowy Świat → S. 70. Rechts taucht bald** eine hypermoderne Glas- und Stahlfassade auf, sekundiert vom Beton eines massiven Quaders. Hier, im scherzhaft **Weißes Haus** genannten Komplex, residierte einst das Zentralkomitee der Kommunistischen Partei und zwischenzeitlich ausgerechnet die Warschauer Börse! Die kuriose Palme mitten auf der Kreuzung 7 **Rondo de Gaulle** ist mit ihren 12 m Höhe natürlich nicht echt, aber den Warschauern gefällt's. **Sie gehen weiter auf der Nowy Świat,** die nun überraschend schmal, ruhig und vor allem schick wird. Hier gab es schon zu sozialistischen Zeiten alles: Schmuck, Parfüm und Kleidung aus dem Westen. **Hinter**

der Ulica Świętokrzyska erwartet Sie am klassizistischen Staszyc-Palais der Akademie der Wissenschaften der Astronom ⑧ **Nikolaus Kopernikus** auf seinem Denkmal. **Links in der** ⑨ **Heiligkreuzkirche** → **S. 40** besichtigen Sie die letzte Ruhestätte des Herzens von Frédéric Chopin. **Wenige Spaziersekunden später** folgt das spätbarocke **Czapski-Palais und gegenüber** der Komplex der 1818 gegründeten ⑩ **Universität**. **Durchqueren Sie ruhig einmal das Tor zur Uni**. **Auf der Straße, die inzwischen Krakowskie Przedmieście (Krakauer Vorstadt) heißt, passieren Sie bald das mondäne Hotel Bristol**, den **Radziwill-Palast** des Präsidenten **und erreichen den** ① **Schlossplatz (Plac Zamkowy)** → **S. 34** mit **Sigismundsäule**.

⑧ Nikolaus Kopernikus

⑨ Heiligkreuzkirche

⑩ Universität

① Schlossplatz

3 ALLES AM FLUSS

START: ① **Veturilo-Leihstation Wybrzeże Kościuszkowskie** **ZIEL:** ⑨ **BAM Korean Street Food**	**7 Stunden** reine Fahr-/Gehzeit 4 Stunden

Strecke:
13 km

KOSTEN: Fahrradmiete 0,40 Euro, Burger mit Getränk 6 Euro, Zoo 6 Euro, Stadion-Aussichtspunkt 2,30 Euro, Essen und Trinken 10 Euro
MITNEHMEN: Wetterfeste Kleidung und feste Schuhe

ACHTUNG: Um ein Rad auszuleihen, registrieren Sie sich bei *www.veturilo.waw.pl*. Das Fahrrad dürfen Sie nicht in den ④ **Zoo** mitnehmen. Die ⑧ **Fußgänger- und Fahrradfähren** über die Weichsel verkehren nur von Mai bis Sept. Beste Metrostation zum Ende der Tour: vor dem Kopernikus-Wissenschaftszentrum

Der größte und wichtigste polnische Fluss prägt von jeher das Stadtbild. Dennoch war die Weichsel immer ein wenig abseits. Dies hat sich in den letzten Jahren massiv geändert: Viele Attraktionen sind hinzugekommen, ohne der zuvor fast unberührten, malerischen Landschaft allzu sehr auf die Pelle zu rücken.

10:00 **Die Tour beginnt am Flussufer, an der** ① **Veturilo-Leihstation Wybrzeże Kościuszkowskie gegenüber des Haupteingangs des Kopernikus-Wissenschaftszentrums** → **S. 102**. Am anderen Ufer liegt das imposante Nationalstadion → S. 50. **Steigen Sie aufs Rad** und winken Sie der nahe dem Metro-Ausgang posierenden Skulptur der Syrenka → S. 30 zu, der Wappenfigur Warschaus. **Rollen Sie hinunter zum in diesem Abschnitt**

① Veturilo-Leihstation Wybrzeże Kościuszkowskie

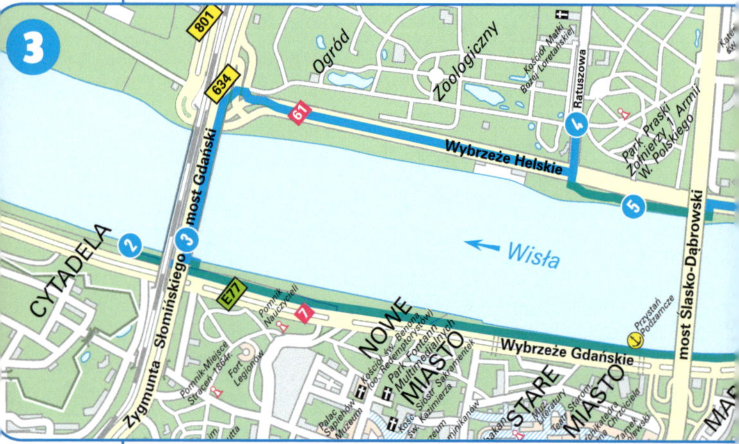

2 Wild Beef

3 Danziger Brücke

4 Zoo

5 Naturpfad an der Weichsel

6 Nationalstadion

erst 2018 eröffneten Weichselboulevard und radeln Sie mit dem Fluss zu Ihrer Rechten drauflos. Fahren Sie immer weiter bis zur nächsten, der grünen Danziger Brücke (Most Gdański), die Sie freundlich mit dem Schriftzug „Miło Cię widzieć" („Schön Dich zu sehen") begrüßt! **Direkt hinter der Brücke** stärken Sie sich mit einem leckeren Burger und einem frühen Bier vom Fass bei **2 Wild Beef** *(Wybrzeże Gdyńskie 2 | Tel. 505224866 | www.facebook.com/wildbeefwarsaw | €€)*.

12:30 Nach der Pause **erklimmen Sie samt Fahrrad einige Stufen der 3 Danziger Brücke (Most Gdański). Auf halber Höhe** sind Straßenbahnen, Radler und Fußgänger unterwegs. Von der Brücke INSIDER TIPP haben Sie einen tollen Ausblick auf die Altstadt → S. 29 und die City-Skyline samt Kulturpalast → S. 44. **Jetzt sehen Sie schon den Eingang zum 4 Zoo → S. 103. Direkt vor den Kassen** schieben Sie Ihr Rad in die dortige Veturilo-Station. **Nehmen Sie nach dem Zoo-Besuch den Hauptausgang an der Ulica Ratuszowa. Auch dort liegt eine Fahrradstation: Radeln Sie hinunter zum 5 Naturpfad an der Weichsel. An einem Kanal beim Port Praski müssen Sie wieder hinauf zur Straße Wybrzeże Szczecińskie und auf dieser bis zum 6 Nationalstadion → S. 50**. Verabschieden Sie Ihr Fahrrad an der Station beim Kreisverkehr Rondo Waszyngtona. **Von dort erreichen Sie schnell den Haupteingang des Stadions,** für einen Besuch des eindrucksvollen **Aussichtspunkts** *(tgl. 10–21 Uhr)* ist auf jeden Fall noch Zeit. **Spa-**

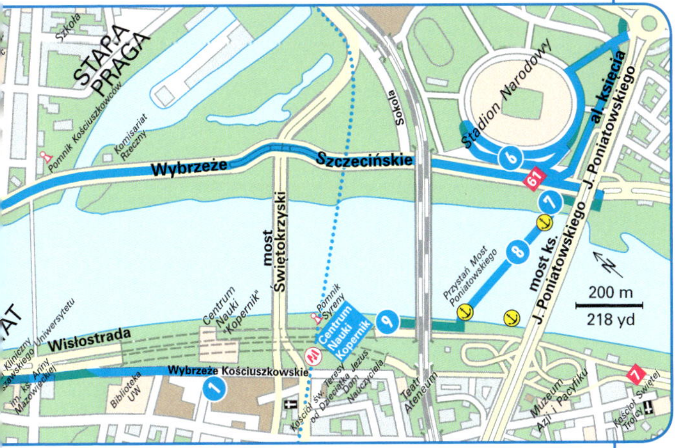

zieren Sie zurück zur Weichsel und nach links, wo Sie ein großer, einladender **7 Sandstrand** erwartet. Dort angekommen, streifen Sie Ihre Schuhe ab und geben den von der Stadtexpedition ermüdeten Beinen ein wenig Ruhe.

16:00 Hunger und Durst? Entern Sie **direkt am Strand** die regelmäßig und kostenlos verkehrende kleine **8 Fußgänger- und Fahrradfähre** und besuchen Sie Asien im Strandlokal **9 BAM Korean Street Food** *(Mai–Sept. 14–24 Uhr | Bulwar Grzymały Siedleckiego)*.

7 Sandstrand

8 Fußgänger- und Fahrradfähre

9 BAM Korean Street Food

4 ALTES PRAGA, HIPPES POWIŚLE, MODERNE GLITZERFASSADEN

START: 1 Plac Wileński
ZIEL: 11 Warsaw Spire

Strecke: 8 km

7 Stunden
reine Fahr-/Gehzeit 3 Stunden

KOSTEN: Metro-Tagesticket 3,50 Euro, Kaffee 3 Euro, Eintritt Kopernikus-Zentrum 7 Euro, Essen 7 Euro

Nirgendwo anders zeigt sich der Wandel Warschaus zur mitteleuropäischen Metropole so eindrucksvoll wie auf der rechten Weichselseite. In einst vernachlässigten Stadtteil Praga blüht nun kulturelles und urbanes Leben. Und dank der neuen Metro-Linie stoßen die Kontraste beider Ufer bunt aufeinander!

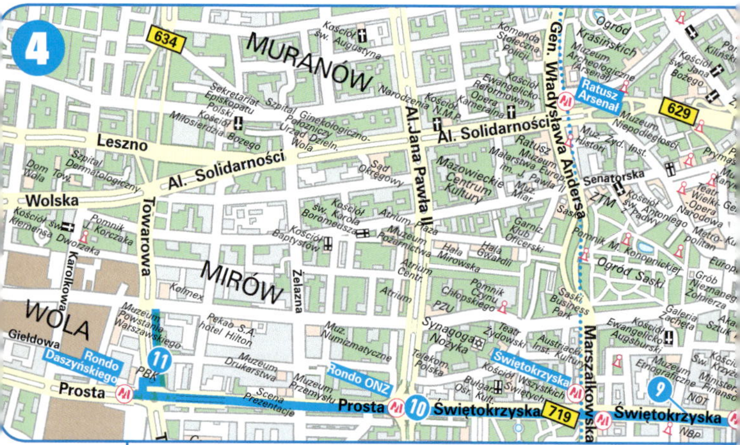

1 Plac Wileński

2 Maria-Magdalena-Kirche

3 Wodkafabrik Koneser

4 Hinterhöfe

5 Metro-Linie M2

10:00 **Startpunkt ist die vorläufige Endstation der neuen U-Bahnlinie M2, Dworzec Wileński am 1 Plac Wileński**, dem brodelnden Zentrum Pragas samt futuristischem Einkaufszentrum. Statten Sie der russisch-orthodoxen **2 Maria-Magdalena-Kirche → S. 50** einen Besuch ab. **In südlicher Richtung über die Ulica Targowa (Marktstraße), links in die Ulica Ząbkowska und rechts in die Ulica Brzeska kommen Sie ins alte** **Praga → S. 47**, das sich hier in seiner ganzen Vielfalt zeigt: alte Häuserfronten wechseln mit frisch renovierten Fassaden und Industriebauten wie die ehemalige **3 Wodkafabrik Koneser → S. 49**, rundherum gemütliche Cafés und Kneipen, Galerien und kleine Lädchen. Schauen Sie in die **4 Hinterhöfe** wie in der **Ulica Ząbkowska 12 oder der Ulica Brzeska 9** und entdecken Sie die versteckten *Marienfiguren* → S. 50. **Ihr Weg führt Sie nun über die große Ulica Targowa hinaus aus dem quirligen, engen Praga zum Nationalstadion → S. 50. Nehmen Sie die U-Bahn bei der Station Stadion Narodowy** und lassen Sie die seit 2015 bestehenden, individuellen und modernen Haltestellen von Warschaus neuer **5 Metro-Linie M2** auf sich wirken – **bis zur Haltestelle Centrum Nauki Kopernik.** Stärken Sie sich bei einem frisch gebrüh-

Versteckte Schönheiten: die Marienstatuen im Stadtteil Praga

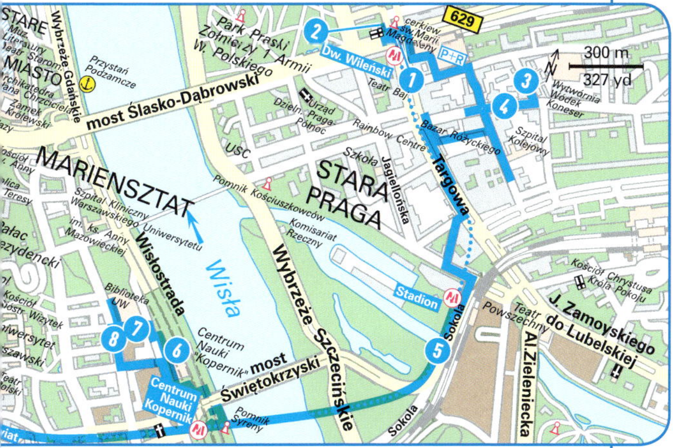

ten Caffè Latte, der aus einem Fahrrad- oder Autoanhänger verkauft wird.

12:00 **Jetzt geht's ins ⑥ Kopernikus-Wissenschaftszentrum → S. 102. Spazieren Sie danach wenige Schritte weiter auf der Straße Wybrzeże Kościuszkowskie mit der Weichsel zu Ihrer Rechten, dann links in die Ulica Lipowa. Streunen Sie in der architektonisch interessanten** ⑦ Uni-Bibliothek → S. 43 durch den einzigartigen, bunten Dachgarten → S. 43. **An der Kreuzung Lipowa und Dobra** probieren Sie danach beim ⑧ Mango Vegan Street Food → S. 67 gutes, fleischloses Essen.

16:00 **Kehren Sie zurück zur Weichsel und fahren Sie mit der Metro eine Haltestelle bis Nowy Świat/Uniwersytet. Spazieren Sie die lebhafte** ⑨ Ulica Świętokrzyska entlang, um die viele Clubs und Kneipen liegen. **Von der Metrostation Świętokrzyska geht es einen Stopp weiter bis zum** ⑩ Rondo ONZ, ins Herz des modernen Warschau, das aus Hochhäusern, Hotels und Fassaden aus Glas und Stahl besteht. **Wiederum eine Haltestelle weiter (Rondo Daszyńskiego)** erhebt sich der ⑪ Warsaw Spire – einstweilen der neueste der spektakulären Warschauer Wolkenkratzer, der 2016 eröffnet wurde. Lassen Sie die fast schon futuristische Atmosphäre bei einem Kaffee im Innenhof auf sich wirken: Der INSIDER TIPP Plac Europejski wird langsam zum neuen Event-Treffpunkt Warschaus.

⑥ Kopernikus-Wissenschaftszentrum

⑦ Uni-Bibliothek

⑧ Mango Vegan Street Food

⑨ Ulica Świętokrzyska

⑩ Rondo ONZ

⑪ Warsaw Spire

MIT KINDERN UNTERWEGS

Auch Familien hat die Stadt einiges zu bieten. Aktuelles erfahren Sie aus dem Veranstaltungskalender *(www.inyourpocket.com/warsaw)*.

BUMMELBAHNEN

Große und kleine Bahnfreunde werden Spaß an der Fahrt mit der historischen Straßenbahn *Tram T* **(126 A3)** *(🕮 C8) (Juni–Aug. 11–18 Uhr, alle 50 Min. | Erw. 22 Zł., Kinder 20 Zł. | Plac Starynkiewicza | Tel. 2219484)* haben. Der alte Triebwagen rumpelt fast eine Stunde lang durch die Stadt. Einen Überblick über Alt- und Neustadt bietet die Fahrt mit dem kleinen *Altstadtzug* **(121 D3)** *(🕮 D5) (Frühling–Herbst 11–17 Uhr alle 30 Min. | Erw. 20 Zł., Kinder 17 Zł. | Plac Zamkowy | Infos und Buchung Tel. 501131245 | Bus 116, 180, 503 Plac Zamkowy)*. Ein Führer erzählt Geschichten zu den Sehenswürdigkeiten (mit Übersetzungshilfe).

INSIDER TIPP FONTÄNENPARK (MULTIMEDIALNY PARK FONTANN) (123 D4) *(🕮 D4)*

An kaum einem anderen Ort der Stadt sehen Sie Kinder in der warmen Jahreszeit so ausgelassen toben wie im Multimedialen Fontänenpark unterhalb der Neustadt. Die Kleinen dürfen in den Springbrunnen spielen – und vielleicht abends auch mal länger aufbleiben, denn in Sommernächten *(Mai/Sept. 21, Juni–Aug. 21.30 Uhr)* werden die Fontänen angeleuchtet und so zum farbenfrohen Lichtspektakel (mit Musik). Neuerdings geht´s von dort auch direkt durch einen Tunnel zum Weichselboulevard. *Zu erreichen über Ulica Boleść | Bus 118, 185 Sanguszki oder aus Alt- oder Neustadt über die Treppen hinunterlaufen*

KLETTERGARTEN (129 E6) *(🕮 0)*

Abenteuer in schwindelerregender Höhe auf Hängebrücken und an Drahtseilen verspricht der Klettergarten im Park Kultury Powsin. *Tgl. 10–19 Uhr (Nebensaison bis 17 Uhr), letzter Einlass 30 Min. vor Schließung | Preis je nach Schwierigkeitsgrad, ab 4 J. 25–80 Zł. | Ulica Maślaków 1 | Tel. 697605123 | www.veni-vici.com.pl | Bus 519 Park Kultury*

INSIDER TIPP KOPERNIKUS-WISSENSCHAFTSZENTRUM ● (124 C4) *(🕮 F6)*

Im *Centrum Nauki Kopernik* ist Anfassen ausdrücklich erlaubt. Kleine und große Besucher erfahren dort auf spielerische Weise mehr über die Gesetze der Natur. In dem futuristischen Bau am Weichselufer können sie auf einem fliegenden

Auch ohne Sprachkenntnisse werden Kinder auf ihren Entdeckungstouren durch Polens Hauptstadt viel Spaß haben

Teppich schweben und Maschinen erleben, die Gedichte schreiben. Die Angebote des Robotertheaters und des multimedialen Planetariums sind fast so spektakulär wie die Erkenntnisse des Namensgebers Nikolaus Kopernikus, der als Erster feststellte, dass sich die Erde um die Sonne dreht. Ein Extrabereich ist dem Thema Mensch und Umwelt gewidmet. Alle Ausstellungen werden auch auf Englisch erklärt. *Di–Fr 9–18, Sa/So 10–19 Uhr | Erw. 31–33 Zł., Kinder 21–22 Zł., Planetarium je nach Vorstellung 22–30 Zł. | Ulica Wybrzeże Kościuszkowskie 20 | www.kopernik.org.pl | Metro Centrum Nauki Kopernik*

PUPPENTHEATER LALKA
(126 B2) *(🕮 D7)*

Ein Besuch im Puppentheater Lalka macht auch ohne Polnischkenntnisse Spaß. Aufgeführt werden polnische Märchen, aber auch eigene Stücke. *Vorstellungen meist am späten Vormittag | Ticket 38 Zł. | Plac Defilad 1 | im Kulturpalast | Tel. 2 26 20 49 50 | www.teatrlalka.waw.pl | Metro Centrum*

ZOO (124 C2) *(🕮 E–F 3–4)*

Der Warschauer Zoo wurde bereits 1928 eröffnet und galt damals als der größte Tierpark Europas. Nach dem Krieg verkam die Anlage ein wenig, wird aber schon seit Jahren sehr liebevoll gepflegt. Eine Stiftung kümmert sich um Geld von Stadt und Spendern. Der Standard ist artgerecht, die Hauptallee 2018 neu gestaltet worden. Das freut vor allem die Elefanten, die ein neues, großes Gelände bekommen haben. Im Zoo findet man heute rund 5000 Tiere. Bei den Kleinsten besonders bliebt: der Streichelzoo. *Mo–Fr 9–18, Sa/So 9–19 Uhr, im Winter bis Einbruch der Dunkelheit, Kassenschluss eine Stunde früher | Erw. 30 Zł., Kinder 20 Zł., im Winter 20 bzw. 15 Zł., Familie ab 4 Pers. 20 Zł./Pers. | Ulica Ratuszowa 1/3 | www.zoo.waw.pl | Bus 160, 190, 512, Tram 18, 20, 23, 26, Park Praski (direkt neben dem Zoo)*

EVENTS, FESTE & MEHR

EVENTS & NEWS → S. 2/3

Es ist schwer, Warschaus Fest- und Kulturkalender brandaktuell zu halten, denn buchstäblich jedes Jahr werden neue Festivals und Ereignisse aus der Taufe gehoben. Besonders in musikalischer Hinsicht entwickelt sich die Stadt rasant; Spitzenkünstler, v. a. in den Bereichen Klassik und Jazz, geben zahlreiche Konzerte. Aktuelle Tipps: *www.warsawinsider.pl*

FESTE & VERANSTALTUNGEN

JANUAR

Das ***Große Orchester der Weihnachtshilfe*** organisiert am ersten oder zweiten Sonntag im Jahr eine landesweite Spendensammlung. In Warschau: Winter-Open-Air-Konzert mit nationalen und internationalen Rock- und Popmusikern vor dem Kulturpalast. *www.wosp.org.pl*

APRIL

Der alte Hauptbahnhof war eine Abbruchbude. Jetzt ist *Warszawa Główna* aber so richtig angesagt: Auf den stillgelegten Bahnsteigen genießen Sie in toller Atmosphäre beim INSIDER TIPP ***Warsaw Night Market*** Street Food aus aller Welt bis spät in die Nacht (jedes Wochenende von Ende April bis August). *www.facebook.com/nocnymarket*

MAI

Bei der ***Europäischen Nacht der Museen (Noc Muzeów)*** sind mehr als 200 Ausstellungsorte kostenlos zugänglich, auch der Sejm, das Parlament, und die Warschauer Börse. *www.um.warszawa.pl*

JUNI

Die ***Noc Świętojańska*** am 21. Juni wird als kürzeste Nacht des Jahres in alter heidnischer Tradition gefeiert. In Warschau heißt das ***Wianki***. Am schönsten zu beobachten vom Weichselufer: kostümierte Besucher, Feuerwerk, Konzerte – von mittags bis in die Nacht. *www.estrada.com.pl*

JULI

● ***Warsaw Summer Jazz Days*** mit internationalen Größen *(www.adamiakjazz.pl)*. Außerdem im Sommer: ***Jazz in der Altstadt*** – samstags Gratiskonzerte vor dem Königsschloss.

AUGUST

Das INSIDER TIPP ***Singer-Festival*** lässt die jüdische Kultur mit ihrer reichen Geschichte in Warschau wieder aufleben. Mit Konzerten, Theaterspektakeln, Ausstellungen, Lesungen, Workshops und Filmen. *www.festiwalsingera.pl*

Festivals für jeden Geschmack: Jazz und Klassik von höchster Qualität, Filme, Bücher und heidnische Rituale an der Weichsel

SEPTEMBER

Die Strecke des INSIDER TIPP ***Warschau-Marathons*** ist spektakulär: Sie führt an nahezu allen wichtigen Sehenswürdigkeiten der Hauptstadt vorbei. *www.maratonwarszawski.com*

OKTOBER

Beim ***Filmfest Warszawa*** werden cineastische Neuheiten aus aller Welt präsentiert (engl. Untertitel). *www.wff.pl*

Das ***Jazz Jamboree*** war das heißeste Festival im kommunistischen Polen mit Legenden wie Keith Jarrett, Thelonious Monk, Miles Davis, Duke Ellington und Dave Brubeck. Noch heute ein Muss! *adamiakjazz.pl*

NOVEMBER

An Allerheiligen strömen die Warschauer zur ● ***Messe auf dem Powązki-Friedhof*** – besonders beeindruckend nach Einbruch der Dunkelheit, wenn Zehntausende Kerzen brennen. Die Busse zu den Friedhöfen fahren kostenlos.

DEZEMBER

Im Advent erstrahlt die City im Glanz der weihnachtlichen Beleuchtung. Ein ganz besonderes Vergnügen ist das ***Schlittschuhlaufen auf den Eisbahnen*** vorm Kulturpalast, auf dem Altstadtmarkt und auf richtig großem Raum im Nationalstadion. *www.zimowynarodowy.pl*

FEIERTAGE

1. Jan.	Neujahr
6. Jan.	Dreikönigstag
März/April	Ostermontag
1. Mai	Tag der Arbeit
3. Mai	Jahrestag der Verfassung von 1791
Mai/Juni	Fronleichnam
15. Aug.	Mariä Himmelfahrt
1. Nov.	Allerheiligen
11. Nov.	Jahrestag der Unabhängigkeit 1918
25./26. Dez.	Weihnachtsfeiertage

LINKS, BLOGS, APPS & CO.

LINKS & BLOGS

www.marcopolo.de/warschau Ihr Online-Reiseführer mit allen wichtigen Informationen, Highlights und Tipps, interaktivem Routenplaner, spannenden News und Reportagen sowie inspirierenden Fotogalerien

www.warszawa360.pl Interaktiver Rundblick über Warschau. Das 360-Grad-Panoramabild wurde vom Dach des Hotels Intercontinental aufgenommen, einem der höchsten Gebäude der Stadt. Per Zoomfunktion lassen sich die Sehenswürdigkeiten heranholen und gewähren Einblick in ihre Innenräume

www.veturilo.waw.pl Die Website zu den beliebten städtischen Leihfahrrädern. Hier können Sie ein Konto einrichten und sehen, welche Räder an welchen Standorten verfügbar sind

www.spottedbylocals.com/warsaw Der Warschauer Cityblog präsentiert die facettenreichste,auf Englisch verfasste Sicht von Einheimischen auf ihre Heimatstadt

jeziorki.blogspot.com Ein Engländer in Warschau: Michael Dembinski kam vor rund 15 Jahren in die polnische Hauptstadt und verfolgt das Leben intensiv, wie sein spannender und immer aktueller Blog zeigt

www.warsawfoodie.pl Sehr hilfreicher, immer topaktueller Kulinarik-Führer mit einem Überblick aller Restaurants, mit den neuesten Eröffnungen und Schließungen sowie den Trends der Gastro-Szene – alles auch auf Englisch

kontynent-warszawa.pl Mehrsprachiger Wegweiser durch die polnische Hauptstadt. Spannend zu lesen sind die Kolumnen von Ausländern, die in Warschau leben und durch das Prisma des Fremden auf die Stadt schauen

www.studentsinwarsaw.com Nach eigenen Angaben ein Blog „von Studenten für Studenten", daher finden sich hier viele Uni-Themen. Aber auch Einsichten und Ansichten zur Stadt selbst, zu Kneipen, Museen und einigem mehr

Egal, ob für Ihre Reisevorbereitung oder vor Ort: Diese Adressen bereichern Ihren Urlaub. Da manche sehr lang sind, führt Sie der short.travel-Code direkt auf die beschriebenen Websites. Falls bei der Eingabe der Codes eine Fehlermeldung erscheint, könnte das an Ihren Einstellungen zum anonymen Surfen liegen

short.travel/war4 Das ZDF-Auslandsstudio twittert die neuesten Nachrichten, Filmbeiträge und Kommentare aus der polnischen Hauptstadt

short.travel/war5 „Fall in Love with Warsaw" heißt die offizielle Facebook-Seite der Stadt, die sich explizit an Gäste und ausländische Einwohner in Warschau richtet. Schöne, aktuelle Bilder und interessante Tipps

short.travel/war6 Das wichtigste Stadtmagazin „Warsaw Insider" postet auf Instagram jede Menge Warschau-Bilder – Atmosphäre und Hotspots!

VIDEOS & MUSIK

short.travel/war1 Das Slideshow-Video „City of Ruins" ist ein digital rekonstruierter Rundflug über Warschau am Ende des Zweiten Weltkriegs. Die eindringlichen Bilder vermitteln einen Eindruck vom gigantischen Ausmaß der Zerstörung

short.travel/war2 Eine Art Gegenstück zu obiger Diashow. Das Video zeigt die wiederaufgebaute Altstadt aus der Vogelperspektive

short.travel/war3 Die Seite bietet einen Überblick über die diversen Web-Kameras, die es in Warschau gibt. So wird ein virtueller Streifzug durch die Metropole möglich

APPS

Warsaw inyourpocket Eine Art Mini-Reiseführer für das iPhone. Die App enthält Karten und Fahrpläne, Restaurant- und Veranstaltungstipps, einen Währungsrechner, die aktuelle Wettervorhersage und mehr. Alles auf Englisch. Im Offline-Betrieb nutzbar, um Roaming-Gebühren zu sparen

Chopin in Warsaw Die Chopin-App bietet nicht nur Musik, sondern auch einen interessanten Überblick über die Biografie der polnischen Komponistenlegende und einen virtuellen Rundgang durch die Chopin-Stadt Warschau

jakdojade.pl „Wie komme ich hin" heißt diese App zur gleichnamigen Website. Wer sich viel in Warschau bewegt, will sie nicht mehr missen. Von jedem Punkt A zu jedem Punkt B in Warschau die schnellste Verbindung per Bus, Tram, Metro, Bahn und zu Fuß. Auf Englisch

PRAKTISCHE HINWEISE

ANREISE

Auf der A 2 von Berlin nach Warschau. Die Strecke ist gut ausgebaut, in weiten Teilen aber mautpflichtig (ca. 25 Euro von der Grenze bis Warschau, *www.autostrada-a2.pl/en*). Die Fahrtzeit für die 600 km lange Strecke von Berlin hat sich durch den Autobahnausbau auf unter sechs Stunden verkürzt. Aus Österreich fährt man über Tschechien und Kattowitz weiter Richtung Warschau.

Von Berlin nach Warschau viermal täglich mit dem Eurocity Berlin-Warszawa-Express in 5 Stunden. Zweimal täglich fährt der Eurocity von Wien in gut 7 Stunden nach Warschau, der Nachtzug braucht 11 Stunden. Infos: *www.bahn.de*

GRÜN & FAIR REISEN

Auf Reisen können auch Sie viel bewirken. Behalten Sie nicht nur die CO_2-Bilanz für Hin- und Rückreise im Hinterkopf *(www.atmosfair.de; de.myclimate.org)* – etwa indem Sie Ihre Route umweltgerecht planen *(www.routerank.com)* – , sondern achten Sie auch Natur und Kultur im Reiseland *(www.gate-tourismus.de)*. Gerade als Tourist ist es wichtig, auf Aspekte wie Naturschutz *(www.nabu.de; www.wwf.de)*, regionale Produkte, wenig Autofahren, Wassersparen und vieles mehr zu achten.
Wenn Sie mehr über ökologischen Tourismus erfahren wollen: europaweit *www.oete.de*; weltweit *www.germanwatch.org*

Von zahlreichen deutschen Städten starten kleine und große Busse nach Warschau, z. B. *Eurolines (www.eurolines.de)* oder – bei frühzeitiger Buchung oft sehr günstig – *Flixbus (www.flixbus.de | Wlan an Bord)*. Die Reise endet meistens am Westbahnhof *(Dworzec Zachodni)*.

Warschaus Flughafen *Fryderyk Chopin (Tel. 2 26 50 42 20 | www.lotnisko-chopina.pl)*, auch Okęcie genannt, liegt nur ca. 10 km vom Zentrum entfernt. Bis 2017 wurde ein großes, modernes und zusammenhängendes Terminal geschaffen, an dem alle Linien abgefertigt werden. Der Chopin-Airport ist Heimatflughafen der polnischen Linie LOT, aber auch zahlreiche Billigflieger steuern Warschau an. Das Angebot ändert sich laufend und ist im Internet einzusehen. Vor allem für die Billiglinien wurde der ehemalige Militärflughafen *Modlin (www.modlinairport.pl)* nordwestlich von Warschau ausgebaut, die Gästezahlen steigen rasant. Derzeit fliegt *Ryanair* diesen Flughafen an.
Vom Flughafen ins Zentrum verkehrt der Bus 175 (ca. 30 Min.). Die Züge S2 und S3 der *Warschauer Verkehrsbetriebe (ZTM)* sowie die der Regionalbahn *Koleje Mazowieckie (KM)* (Tickets beim Schaffner oder am Ticketautomaten am Flughafenbahnhof) fahren in gut 20 Minuten bis zum *Zentralbahnhof (Warszawa Centralna)* oder bis zum wenige hundert Meter davon entfernten *Bahnhof Śródmieście (Stadtmitte)*. ZTM-Tickets (Einzelfahrkarte 4,40 Zł., 75 Minuten gültig, Umsteigen möglich) gibt es an Zeitungskiosken und zahlreichen Automaten in der ganzen Stadt. Vor allem im Bus gilt: Vorsicht

vor Taschendieben! Der Nachtbus 32 fährt zum *Bahnhof Warszawa Centralna.* Direkt vor der Ankunftshalle stehen Taxis (15–30 Min., ca. 40 Zł.).

AUSKUNFT VOR DER REISE

POLNISCHES FREMDENVERKEHRSAMT

– *Berlin (Mo–Fr 9–16 Uhr | Hohenzollerndamm 151 | 14199 Berlin | Tel. 030 2 10 09 20 | www.polen.travel)*

– *Wien (Mo–Do 9–16, Fr 9–15 Uhr, auch für die Schweiz | Fleschgasse 34/2a | 1130 Wien | Tel. 01 5 24 71 9 10 | www.polen.travel)*

AUSKUNFT IN WARSCHAU

TOURISTENINFORMATION

– *Kulturpalast* **(124 B2)** *(🗺 D7) (Mai–Sept. tgl. 8–19, Okt.–Apr. 8–18 Uhr | Plac Defilad 1 | Eingang Ulica Emilii Plater zwischen Kongresssaal und Technikmuseum)*

– *Altstadtmarkt* **(121 D2)** *(🗺 D4) (April–Sept. tgl. 9–20, Okt.–März 9–18 Uhr | Rynek Starego Miasta 19/21/21a)*

– *Chopin-Flughafen Okęcie* **(129 D5)** *(🗺 O) (Tgl. 9–19 Uhr | Ankunftshalle | Ulica Żwirki i Wigury 1)*

– *Galerie Kordegarda* **(124 A4)** *(🗺 D6) (Di–So 11–19 Uhr | Krakowskie Przedmieście 15 | kulturelle Infos)*

– Offizielle Website (auch in Deutsch): *www.warsawtour.pl,* zentrales *Infotel. 2 21 94 31*

In der Hauptreisezeit bietet die Polnische Organisation für Tourismus gemeinsam mit der Polizei eine kostenlose Hotline für ausländische Touristen an *(Juni–Sept. 10–22 Uhr)*, um bei gesundheitlichen Problemen, dem Verlust von Dokumenten und in anderen Notfällen weiterzuhelfen: *Tel. 0800 20 03 00*. Beim Anruf per Handy unter *0048 6 08 59 99 99* fallen die regulären Gebühren an.

AUTO

Auf den Autobahnen gilt das Tempolimit 140 km/h, auf Schnellstraßen 110 (eine Spur pro Fahrtrichtung) sowie 120 km/h (bei zwei Spuren pro Richtung), auf Landstraßen 90 km/h, in geschlossenen Ortschaften 50 km/h, von 23 bis 5 Uhr 60 km/h. Vielerorts gibt es Radarkontrollen, Ausländer werden gleich vor Ort zur Kasse gebeten. Achtung: Es wird ziemlich waghalsig überholt.

In der Innenstadt ist es nicht immer leicht, einen Parkplatz zu finden. An blauen Sammelparkuhren müssen Sie an Werktagen von 8 bis 18 Uhr mindestens 0,50 Zł., für eine Stunde 3–4,20 Zł. bezahlen. Auch Kartenzahlung ist möglich. Das Autokennzeichen muss eingetippt werden. *Pannenhilfe (Pomoc drogowa) (Tel. 9 81)* rund um die Uhr.

WÄHRUNGSRECHNER

€	PLN	PLN	€
1	4,20	1	0,23
5	21	5	1,15
9	37,80	12	2,76
12	50,40	30	6,91
15	63	70	16,13
25	105	150	34,58
70	294	250	57,63
115	483	700	161,37
150	630	900	207,48

DIPLOMATISCHE VERTRETUNGEN

BOTSCHAFT DER BUNDESREPUBLIK DEUTSCHLAND

Ulica Jazdów 12 | 00-467 Warszawa | Tel. 225841700 | www.warschau.diplo.de | Bus 180, 503 Plac Trzech Krzyży, in Richtung Zentrum auch 180 Haltestelle Piękna

BOTSCHAFT DER REPUBLIK ÖSTERREICH

Ulica Gagarina 34 | 00-748 Warszawa | Tel. 228410081 | www.bmeia.gv.at/botschaft/warschau.html

BOTSCHAFT DER SCHWEIZERISCHEN EIDGENOSSENSCHAFT

Aleje Ujazdowskie 27 | 00-540 Warszawa | Tel. 226280481 | www.eda.admin.ch/warschau | Bus 180, 503 Plac Trzech Krzyży

EINREISE

Seit dem Beitritt Polens zum Schengenraum 2007 sind die meisten Grenzkontrollen weggefallen. Dennoch sollten Sie bei der Einreise aus Deutschland und Österreich den Personalausweis dabei haben. Wer aus der Schweiz kommt, muss den Personalausweis vorzeigen.

FAHRRADVERLEIH

Die Radfahrer haben Warschau erst in den vergangenen Jahren erobert. Geholfen hat dabei die Einführung der städtischen Mietfahrräder namens ● *Veturilo (April–Okt., bei gutem Wetter auch März und Nov. | Hotline Tel. 222441313 | www.veturilo.waw.pl)*, mit 350 Stationen und 5200 Rädern (Stand 2018) in der ganzen Stadt. Notwendig ist eine unkomplizierte Registrierung auf der Website oder in der App mit Einzahlung von mindestens 10 Zł. Mit Ihrem Code und Ihrer Telefonnummer können Sie dann jedes Fahrrad leihen und an einer beliebigen Station wieder abgeben. Die ersten 20 Minuten sind kostenlos, danach kostet es bis zur ersten vollen Stunde 1 Zł., die zweite Stunde wird mit 3 Zł. berechnet. Auch Warschaus Fahrradwege haben sich stark verbessert. Landschaftlich besonders schön sind die INSIDER TIPP Radstrecken beidseits der Weichsel, sie wurden gerade frisch gestaltet. Aber: Vorsicht vor rücksichtslosen Autofahrern!

GESUNDHEIT

Wenn Sie die Europäische Versicherungskarte (EHIC, kostenlos bei Ihrer Krankenkasse) haben, müssen Sie vor Ort bezahlen und bekommen das Geld von Ihrer Krankenkasse erstattet. Viele ärztliche Praxisgemeinschaften in Warschau sind bis spät am Abend oder auch 24 Stunden geöffnet. Daneben bieten Privatunternehmen medizinische Dienste an (meist englisch sprechende Ärzte). Infos unter *www.luxmed.pl, www.damian.com.pl, www.medicover.pl*

Apotheken haben wie alle anderen Geschäfte geöffnet, außerdem gibt es einige 24-Stunden-Apotheken (z. B. Zentralbahnhof, Ostbahnhof). Nicht verschreibungspflichtige Medikamente sind in der Regel in Polen etwas billiger.

INTERNETZUGANG & WLAN

Internetcafés sterben aus, fast jedes Café und Hotel verfügt über ein Wlan-Netzwerk. Meist ist Wlan – in Polen WiFi genannt – kostenlos.

KLIMA & REISEZEIT

Der Winter dauert von Dezember oft bis April und kann sehr ungemütlich sein, im

Sommer (Mai–Sept.) herrscht mitteleuropäisches Klima.

MEDIEN

Internationale Presse gibt es in den Medienhäusern von *Empik (Ulica Nowy Świat, Ulica Marszałkowska etc.)*, in vielen Hotels und den Kiosken größerer Bahnhöfe.

NOTRUFE

Krankenwagen (Tel. 999), Polizei (Tel. 997), Feuerwehr (Tel. 998). Die 112 funktioniert als allgemeine Notrufnummer von Handys und von Festnetztelefonen. Polizeirufnummer für ausländische Touristen: *Tel. 0800 200300*, vom Handy *Tel. 0048 608999999*, auf Englisch, seltener auf Deutsch.

ÖFFENTLICHE VERKEHRSMITTEL

Ein dichtes Bus- und Straßenbahnnetz durchzieht die Stadt. Werden in diesem Band Buslinien angegeben, handelt es sich oft nur um eine Auswahl vieler möglicher an der jeweiligen Station. Außerdem gibt es eine Metro-Linie, die vom südlichen Außenbezirk Ursynów (Station Kabaty) bis nach Bielany im Norden fährt (Station Młociny). Die zweite Linie ist nur zum Teil fertig und nach wie vor im Bau. Der zentrale Teil verbindet aber schon jetzt die wichtigsten Knotenpunkten der Warschauer Innenstadt wie Świętokrzyska und Nowy Świat nach Powiśle (Unibibliothek, Centrum Kopernik) und dann unter der Weichsel hinüber nach Praga (Nationalstadion und Plac Wileński).

Die Metro fährt von ca. 5 bis 0.30 Uhr, alle drei bis vier Minuten in den Stoßzeiten, außerhalb alle vier bis acht Minuten. Busse und Straßenbahnen fahren bis ca. 23 Uhr. Danach verkehren im Halbstundentakt Nachtbusse (gekennzeichnet durch ein N, Start ist der Zentralbahnhof, Halt nur auf Klingelzeichen).

Wegen der Sperrung des Straßenzugs Nowy Świat/Krakowskie Przedmieście an Sommerwochenenden fahren die dort kursierenden Buslinien samstags und sonntags eine Ausweichroute. Zentrale Haltestelle ist *Plac Piłsudskiego*. Ein Einzelticket *(bilet jednorazowy,* 75 Minuten Fahrt mit Umsteigen*)* kostet 4,40 Zł. Für kurze Strecken kann sich das 20-Minuten-Ticket für 3,40 Zł. lohnen, für Warschau-Besucher auch das Tagesticket für 15 Zł., das 3-Tages-Ticket für 36 Zł. sowie das Wochenendticket (Fr 19–Mo 8 Uhr) für nur 24 Zł., alle inkl. beliebig häufigem Umsteigen. Alle Fahrkarten müssen in den Verkehrsmitteln oder Stationen entwertet werden. Warschauer Verkehrsverbund im Internet (auch auf Deutsch): *www.ztm.waw.pl*

WAS KOSTET WIE VIEL?

Kaffee	2–3 Euro	*für eine Tasse Milchkaffee*
Bier	3 Euro	*für ein Bier in der Kneipe*
Piroggen	4–5 Euro	*für eine Portion im Imbiss*
Tageskarte	4 Euro	*für Bus, Metro, Tram*
DVD	15 Euro	*für eine Neuerscheinung*
Kino	6 Euro	*für eine Eintrittskarte*

ÖFFNUNGSZEITEN

Kaufhäuser, Einkaufszentren und viele Supermärkte sind von Montag bis Samstag von 9 bis 21 Uhr oder länger geöffnet. Sonntags ist nur noch einmal im Monat geöffnet, ab 2020 dann gar nicht mehr. Restaurants und Cafés haben in der Regel keinen Ruhetag. Viele Museen sind montags geschlossen. Kleine Lebensmittelläden und Markthallen öffnen meist *Mo–Fr 10–19, Sa 10–14*, Banken *Mo–Fr 9–18, Sa 9–14 Uhr*.

POST

Die *Hauptpost (Poczta Główna)* **(126 C1)** (*🕮 D7*) *(Ulica Świętokrzyska 31/33)* ist rund um die Uhr geöffnet. Standardbrief in Polen 2,60 Zł., nach Europa 5 Zł. Luftpostbriefe *(Priorytet)* kosten mehr (Standardbrief 6 Zł.), kommen aber innerhalb von drei Werktagen in ganz Europa an.

PREISE & WÄHRUNG

Währung ist der *Złoty* (Zł., auf Finanzmärkten PLN), der aus *100 groszy* besteht *(1 grosz)*. Der Złoty hat sich zu einer stabilen Währung gemausert und hält sich bei gut 4,20 Zł. pro Euro. Eine Euro-Einführung ist bei der derzeitigen politischen Entwicklung nicht abzusehen.

Grundnahrungsmittel, Busfahrkarten und Restaurantbesuche sind günstig, Café- und Kinobesuche sowie Luxusprodukte liegen dagegen auf Westniveau oder darüber. Geld heben Sie am besten am Bankautomaten ab, Barumtausch in Wechselstuben nur nach vorheriger Prüfung der Kurse. Vorsicht: An einigen Geldautomaten haben Sie die Wahl zwischen Tageskurs und garantiertem Wechselkurs, der weitaus schlechter ist. Die Kursschwankungen sind nicht mehr so stark, dass man sich einen genauen Euro-Betrag garantieren lassen müsste. Die meis-

WETTER IN WARSCHAU

	Jan.	Feb.	März	April	Mai	Juni	Juli	Aug.	Sept.	Okt.	Nov.	Dez.
Tagestemperaturen in °C	-1	0	5	13	19	23	24	23	19	13	6	2
Nachttemperaturen in °C	-6	-6	-2	3	9	12	14	13	10	5	1	-3
☀	1	2	4	5	6	8	7	7	6	4	1	1
☂	9	8	6	7	10	8	12	9	8	6	8	11

 ☀ Sonnenschein Stunden/Tag ☂ Niederschlag Tage/Monat

ten Geschäfte, Restaurants und Supermärkte akzeptieren Kreditkarten auch beim Einkauf.

SICHERHEIT

Im Prinzip ist jede Ecke Warschaus rund um die Uhr sicher. Leichtsinnig sollten Sie aber nicht sein: keine Wertsachen im Auto lassen, Geldbörse am Körper – das reicht fast immer. In Bussen oder ärmeren Stadtvierteln wie Praga kann Sprechen auf Deutsch Diebe anlocken, aber auch hier sollten Sie keine übertriebene Angst haben.

STADTRUNDFAHRTEN

Sightseeingbusse (Doppeldecker) verkehren im gesamten weiteren Zentrum, u. a. mit *Warsaw City Tour (stündlich, Fahrpläne im Internet | 1 Fahrt 50 Zł., Tagesticket 70 Zł. | www.city-tour.com.pl)*. Kutschfahrten (Schlossplatz, Altstadtmarkt) durch die Altstadt kosten ca. 200 Zł. Günstiger sind die Fahrradrikschas *(100 Zł./2 Std.)*, auch Eco-Taxi genannt, am Altstadtmarkt oder die Pferdebusse der Warschauer Verkehrsbetriebe ZTM, die am Schlossplatz/Ecke Ulica Senatorska starten *(15 Zł.)*.

TAXI

Nehmen Sie nur Taxis mit Telefonnummer auf dem Dach. Startgebühr sind 6 Zł., pro Kilometer kommen 2–3 Zł. dazu. Nachttarife liegen ca. 50 % darüber. Gut ist *Sawa Taxi (Tel. 226444444 | www.sawataxi.pl)*. Auch *Uber (www.uber.com)* ist in Warschau aktiv.

TELEFON & HANDY

Vorwahl nach Deutschland: *0049*, Österreich *0043*, in die Schweiz *0041*. Vorwahl nach Polen: *0048*, danach wählen Sie direkt die Anschlussnummer. Telefonzellen gibt es kaum noch. Für Handynutzung zahlen Sie in der Regel kein Roaming mehr, nur noch die normalen Gebühren für das (Auslands-)Gespräch, die sich meist in Grenzen halten. Prepaid-Karten gibt es in Polen nur noch bei voller Registrierung des Teilnehmers. Alternativ zum Handy können Sie im Wlan-Netz oder sogar mit dem eigenen mobilen Internet per Skype, WhatsApp etc. telefonieren.

TOILETTEN

Damentoiletten sind oft durch einen Kreis, Männertoiletten durch ein Dreieck gekennzeichnet, meist wird eine Gebühr von 1 bis 2 Zł. verlangt. Angenehm für Autofahrer: Polnische Tankstellen bieten kostenlosen und freien Toilettenzugang.

TRINKGELD

In der Regel werden 10 % gegeben, wenn nicht sowieso 10 % Service auf die Rechnung geschlagen wurden.

ZEIT

Es gilt die MEZ, Sommerzeit wie in Deutschland.

ZOLL

Für Deutsche und Österreicher gelten die EU-Regeln und -Höchstgrenzen. Für die Ausfuhr von Antiquitäten (vor dem 9. Mai 1945) ist eine Genehmigung des polnischen Kulturministeriums nötig. Für Schweizer gelten folgende abgabenfreie Grenzen: Waren bis 300 Franken, darunter 5 l Spirituosen bis 18 % Vol. und 1 l über 18 % Vol., 250 Zigaretten. Infos: *www.zoll.de*.

SPRACHFÜHRER POLNISCH

AUSSPRACHE

Im Polnischen werden Sätze oft in Abhängigkeit vom Geschlecht des Sprechers/der Sprecherin bzw. des/der Angesprochenen gebildet. In diesem Sprachführer gibt es daher in einigen Fällen zwei Varianten. Die jeweils erste ist die männliche, die zweite die weibliche Form.

AUF EINEN BLICK

ja/nein/vielleicht	tak (tak)/nie (njä)/może (moschä)
Bitte./Danke.	Proszę. (Proschän)/Dziękuję. (Dschänkujä)
Entschuldigung!	Przepraszam! (Pschäpraschaam)
Darf ich ...?	Czy mogę ...? (Tschi mogä ...?)
Wie bitte?	Słucham? (Suucham?)
Ich möchte .../Haben Sie ...?	Chciałbym/Chciałabym .../Czy ma pan/pani ...? (Chtschaubim/chtschauabim .../Tschi ma pan/panji ...?)
Wie viel kostet ...?	Ile kosztuje ...? (Ilä to koschtujä ...?)
Das gefällt mir (nicht).	To mi się (nie) podoba. (To mi schän (njä) podobba)
gut/schlecht	dobrze/źle (dobsche/schle)
kaputt/funktioniert nicht	rozbity/nie działa (rosbiti/njä dsiaua)
zu viel/viel/wenig	za dużo/dużo/mało (sa duscho/duscho/mauo)
alles/nichts	wszystko/nic (wschistko/nitz)
Hilfe!/Achtung!/Vorsicht!	Ratunku!/Uwaga!/Ostrożnie! (Ratunnku!/Uwaga!/Ostroschnjä!)
Krankenwagen	karetka pogotowia (karätka pogotowja)
Polizei/Feuerwehr	policja/straż pożarna (policja/strasch poscharna)
Gefahr/gefährlich	niebezpieczeństwo/niebezpieczny (njäbjespietschenstwo/njäbjespietschni)

BEGRÜSSUNG & ABSCHIED

Guten Morgen!/Tag!	Dzień dobry! (Dsjänj dobri!)
Gute(n) Abend!/Nacht!	Dobry wieczór!/Dobranoc! (Dobri wjätschur!/Dobranotz!)
Hallo!/Auf Wiedersehen!	Witam!/Do widzenia! (Witam!/Do widsenja!)
Tschüss!	Cześć! (Tscheschtsch!)
Ich heiße ...	Nazywam się ... (Nasiwam schiän ...)
Wie heißen Sie?	Jak pan/pani się nazywa? (Jak pan/panji schiän nasiwa?)

Czy mówisz po polsku?

„Sprichst du Polnisch?" Dieser Sprachführer hilft Ihnen, die wichtigsten Wörter und Sätze auf Polnisch zu sagen

Wie heißt Du?	Jak się nazywasz? (Jak schiän nasiwasch?)
Ich komme aus ...	Pochodzę z ... (Pochodsän s ...)

DATUMS- & ZEITANGABEN

Montag/Dienstag	poniedziałek/wtorek (ponjädsiawek/wtorrek)
Mittwoch/Donnerstag	środa/czwartek (schrodda/tschwartek)
Freitag/Samstag	piątek/sobota (pjontekk/sobotta)
Sonntag/Werktag	niedziela/dzień roboczy (njädsjäla/dsjänj robottschi)
Feiertag	dzień świąteczny (dsjänj swjontätschni)
heute/morgen/gestern	dziś/jutro/wczoraj (dsisch/jutro/wtschorai)
Stunde/Minute	godzina/minuta (goddsina/minuta)
Tag/Nacht/Woche	dzień/noc/tydzień (dsjänj/notts/tidsjänj)
Wie viel Uhr ist es?	Która godzina? (Ktura goddsina?)

UNTERWEGS

offen/geschlossen	otwarte/zamknięte (ottwarte/sammknijänte)
Eingang/Ausgang	wejście/wyjście (wejstchjä/wijstschä)
Abfahrt/Ankunft	odjazd/przyjazd (oddjasd/pschijasd)
Toiletten/Damen/Herren	toaleta damska/toaleta męska (toaletta damska/mjänska)
(kein) Trinkwasser	Woda nie zdatna do picia/Woda pitna (Woda nje sdatna do pitja/Woda pitna)
Wo ist ...?/Wo sind ...?	Gdzie jest ...?/Gdzie są ...? (Gtsiä jäst ...?/Gtsiä song ...?)
links/rechts	na lewo/na prawo (na läwo/naprawo)
geradeaus/zurück	prosto/spowrotem (prossto/spowrotem)
nah/weit	blisko/daleko (blisko/daläko)
Bus/Straßenbahn	autobus/tramwaj (autobus/tramwaij)
U-Bahn/Taxi	metro/taxi (metro/taxi)
Stadtplan/(Land-)Karte	mapa miasta/mapa (mapa mijasta/mapa)
Bahnhof/Flughafen	dworzec/lotnisko (dwoschetz/lottnissko)
Fahrplan/Fahrschein	rozkład jazdy/bilet (roskwad jasdi/biljet)
Zug/Gleis	pociąg/tor (potsijong/tor)
Bahnsteig	peron (päron)
Ich möchte ... mieten.	Chciałbym/Chciałabym wynająć ... (Chtschaubim/Chtschauabim winajonz ...)
ein Auto/ein Fahrrad	samochód/rower (sammachod/rower)
Tankstelle	stacja benzynowa (stazja bensinowa)
Benzin/Diesel	benzyna/ropa (bensina/roppa)
Panne/(Auto-)Werkstatt	awaria/warsztat (awarija/warschtatt)

ESSEN & TRINKEN

Reservieren Sie uns bitte für heute Abend einen Tisch für vier Personen.	Proszę zarezerwować dla nas na dziś wieczór jeden stolik dla czterech osób. (Proschän saräsärwowwatsch dla nas na dsisch wjätschur stollik na tschtäri ossobbi)
Die Speisekarte, bitte.	Czy mogę prosić kartę? (tschi mogä prossitsch kartän?)
Könnte ich bitte ... haben?	Chciałbym/chciałabym ...? (Chtschaubim/Chtschauabim?)
Vegetarier(in)/Allergie	wegetarianin/wegetarianka/alergia (wegetarijanin/wegetarijanka/allergija)
Ich möchte zahlen, bitte.	Proszę o rachunek! (Proschän o rachunek!)

EINKAUFEN

Wo finde ich ...?	Przepraszam, gdzie jest ...? (Pschäprascham, gsiä jäst ...?)
Ich möchte .../Ich suche ...	Chciałbym/Chciałabym ... (Chtschaubim/Chtschauabim ...)
Apotheke/Drogerie	apteka/drogeria (aptäka/drogerija)
Einkaufszentrum	centrum handlowe (zentrum handlowä)
Kiosk	kiosk (kiosk)
teuer/billig/Preis	drogo/tanio/cena (droga/tannio/zäna)
mehr/weniger	więcej/mniej (wijänzej/mnijäj)
aus biologischem Anbau	produkt ekologiczny (produkt äkologitschni)

ÜBERNACHTEN

Ich habe ein Zimmer reserviert.	Zarezerwowałem/zarezerwowałam pokój. (Saräsärwowwawem/Ssaräsärwowwawam pockuj)
Haben Sie noch ...?	Czy ma pan/pani jeszcze ...? (Tschi ma pan/panji jäschtschä ...?)
Einzelzimmer	pokój jednoosobowy (pockuj jädnoossobbowi)
Doppelzimmer	pokój dwuosobowy (pockuj dwuossobbowi)
mit Frühstück/ Halbpension	ze śniadaniem/ze śniadaniem i kolacją (sä schnjadanjäm/sä schnjadanjäm i kollatzjon)
Vollpension	z pełnym wyżywieniem (s peunim wisiwijäniäm)
nach vorne	od frontu (odd frontu)
Dusche/Bad	prysznic/łazienka (prischnjiz/uasiänka)
Balkon/Terrasse	balkon/taras (balkon/taras)
Schlüssel/Zimmerkarte	klucz/karta (klutsch/karta)
Gepäck/Koffer/Tasche	bagaż/walizka/torba (bagasch/waliska/torba)

BANKEN & GELD

Bank/Geldautomat	bank/bankomat (bank/bankomat)
Geheimzahl	kod PIN (kod PIN)

Ich möchte ... Euro wechseln.	Chciałbym/Chciałabym wymienić ... Euro. (Chtschaubim/Chtschauabim wimänjitsch ... Euro)
bar/ec-Karte/Kreditkarte	gotówka/karta płatnicza/karta kredytowa (gatuwka/karta puatnitscha/karta kreditowwa)
Banknote/Münze	banknot/moneta (banknot/moneta)

GESUNDHEIT

Arzt/Zahnarzt/Kinderarzt	lekarz/dentysta/pediatra (läkasch/dentista/pädiatra)
Krankenhaus/ Notfallpraxis	szpital/pogotowie (schpital/pogotowwijä)
Fieber/Schmerzen	gorączka/ból (gorontschka/bul)
Durchfall/Übelkeit	rozwolnienie/nudności (roswolniäniä/nudnostschi)
Schmerzmittel/Tablette	środek przeciwbólowy/tabletka (schroddeck pschätziwbulowi/tablättka)

TELEKOMMUNIKATION & MEDIEN

Briefmarke/Brief	znaczek pocztowy/list (snatschek potschtowi/list)
Postkarte	pocztówka (potschtuwwka)
Ich brauche eine Telefonkarte fürs Festnetz.	Potrzebna mi karta telefoniczna do telefonu domowego. (Potschebna mi karta telefonitschna do telefonu domowjägo)
Ich suche eine Prepaidkarte für mein Handy.	Szukam karty startowej do telefonu komórkowego. (schukam karti startowej do telefonu komurkowägo)
Wo finde ich einen Internetzugang?	Gdzie znajdę dojście do internetu? (Gdsä snajdjän dojszijä do internetu?)
Steckdose/Ladegerät	kontakt/ładowarka (kontakt/uadowarka)
Computer/Batterie	computer/bateria (komputer/baterija)
Internetanschluss/WLAN	dojście do internetu (dojsziä do internetu)/ bezprzewodowy dostęp do internetu (bespschäwodowi dostän do internätu)

ZAHLEN

0	zero (säro)	10	dziesięć (dsjäschjäntsch)
1	jeden (jädän)	11	jedenaście (jädännaschtchjä)
2	dwa (dwa)	12	dwanaście (dwanaschtchjä)
3	trzy (tschi)	20	dwadzieścia (dwadsjäschtschia)
4	cztery (tschtäri)	50	pięćdziesiąt (pjänjtschdsiäsjont)
5	pięć (pjäntsch)	70	siedemdziesiąt (schädämdsjäschjont)
6	sześć (schäschtsch)	100	sto (sto)
7	siedem (schädäm)	1000	tysiąc (tischjonz)
8	osiem (oschäm)	½	jedna druga (jädna druga)
9	dziewięć (dsjäwjäntsch)	¼	jedna czwarta (jädna tschwarta)

CITYATLAS

Verlauf der Erlebnistour „Perfekt im Überblick“
Verlauf der Erlebnistouren

Der Gesamtverlauf aller Touren ist auch in der herausnehmbaren Faltkarte eingetragen

 Bild: Königsschloss am Plac Zamkowy mit Sigismundsäule

Unterwegs in Warschau

Die Seiteneinteilung für den Cityatlas finden Sie auf dem hinteren Umschlag dieses Reiseführers

A
B
C
122
126
Stawki
Gen. Władysława Andersa
Kościół Ojców Bonifratrów św. Jana Bożego
Dolańskiego
Sapieżyńska
Kościół O. Franciszkanów Św. Franciszka Serafickiego
Sapiehów
Kościelna
Muz. WTM im. St. Moniuszki
Piesza
Kościół O Św. B. Redempt.
NOW
Rynek Nowego Miasta
Kościół Sióstr Sakr. św. Kazimierza
Franciszkańska
Kozla
Ciasna
Freta
Muzeum M.S.Curie
Stara
Kościół Dominikanów Św. Jac.
Nowiniarska
Bonifraterska
W. Gomulickiego
Muzeum Azjatycka
Mostowa
St. Dubois
Nalewki
Wałowa
Świętojerska
Kościół O. Paulinów Św.Ducha
Nowomiejska
Muzeum Adwokatury
Sad Najwyższy
Pałac Raczyńskich
Podwale
Pomnik Małego Powst.
Szeroki Dunaj
Wąski Dunaj
Kilińskiego
Długa
Mordechaja Anielewicza
Pałac Krasińskich (Biblioteka Narodowa)
pl. Krasińskich
Pomnik Powstania Warszawskiego
Kościół Garnizonowy Matki Bożej Królowej Polski
Rycerska
Pomnik Żołnierzy I Armii WP
Ogród Krasińskich
Klasztor Pijarów
Wyższa Szkoła Teatr.
Kościół św. Jana Bożego
Pomnik Kilińskiego
Skwer Więźniów Politycznych Stalinizmu
L. Zamenhofa
Barokowa
Miodowa
Schillera
Kuria Metropolitalna
Kapitulna
Bohaterów Getta
Pałac Dückerta
Kościół O Kapucynów Przemienienia Pańskiego
Nowolipki
Pałac Mostowskich (Komenda Stołeczna Policji)
Pomnik Reduta M.B. Powstańczej
L. Długa
Państwowa Biuro Notarialna
Kapucyńska
Muzeum Archeologiczne (Arsenał)
629
Aleja
Pomnik Bohaterów Warszawy
Nowy Przejazd
Hipoteczna
Ratusz Arsenał
Muzeum Niepodległości
Skwer Bat. AK Wigry
Daniłowiczowska
Ratusz
Pał. Blanka
Kościół Ewangelicko-Reformowany
Tłomackie
Bielańska
Brata Alberta
plac Teatralny
A. Corazziego
T. Garnerskiego
Pomnik im. Alberta
Pomnik W. Bogusławskiego
Teatr Wielki -Opera Narodowa
Opera Kameralna
Muz. Żydowskiego Inst. Histori
226 460 527
718 738 805
Pomnik S. Starzyńskiego
Aleja Solidarności
Urząd m.st. Warszawa
pl. Bankowy
Senatorska
Scena na Wierzbowej
Canaletta
Kościół Św. Antoniego z Padwy
Wierzbowa
Muzeum Malarstwa Europ. im. Jana Pawła II
Orla
ZTM
Pałac Błękitny
Muzeum Miar
Marszałkowska
Niecała
A. Fredry
Mazowieckie Centrum Kultury
Saski
Przechodnia
Pomnik M. Konopnickiej
Elektoralna
Ogród Saski
Zimna
Pomnik Ofiar Wojny 1939-45
Ptasia
pl. Żelaznej Bramy
174 410
pl. Mirowski
Garniz. Klub Oficerski
Hala Gwardii
Hala Mirowska
Graniczna
Kościół Ewangelicko-Augsburski
Saski Business Park
Polskie Stron. Ludowe
Pomnik Czynu Chłopskiego
Królewska
Kredytowa
pl. J. H. Dąbrowskiego

E
200 m
219 yd
Wisła
123
Park Praski Żołnierzy 1 Armii W. Polskiego
Al. K. Lisieckiego "Dziadka"
Wybrzeże Helskie
Park Fontann
Multimedialnych
STARE MIASTO
Boleść
Wodna
Kamienne Schodki
Muz. Historii Warszawy
Brzozowa
Muz. Literatury
Bugaj
Steinkellera
Rynek Starego Miasta
Celna
Teatr Starom.
Dawna
Jezuicka
Zapiecek
Świętojańska
Piwna
Dziekania
Kanonia
Archikatedra Św. Jana Chrzciciela
Wybrzeże Gdańskie
E77
Przystań Podzamcze
most Śląsko-Dąbrowski
Pałac Ślubów
Muzea
pl. Zamkowy
Zamek Królewski
Pałac Pod Blachą
Grodzka
Solidarności
Wisłostrada
1 Źródłowa
2 Białoskórnicza
3 Krzywopoboczna
4 Garbarska
5 Boczna
Kolumna Zygmunta III Wazy
Pałac Szaniawskich
Nowy Zjazd
Rynek Mariensztacki
Mariensztat
MARIENSZTAT
Kościół św. Anny
Krakowskie
Kozia
Kaplica św. Teresy
Pałac Prymasowski
Sowia
Bednarska
Dom Łaziebny Majewskiego
Dobra
Szpital Kliniczny Warszawskiego Uniwersytetu
Furmańska
Karowa
Muzeum Karykatury
Skwer H. Hoovera
Pomnik A. Mickiewicza
Prok. Generalny
Kościół poseminaryjny Wniebowzięcia N.M.P. i Józefa Oblubieńca Bogurodzicy
Trębacka
Pałac Prezydencki
Biblioteka UW
Min. Kultury
Pomnik ks. J. Poniatowskiego
Bristol
Karowa
wiadukt Markiewicza
Browarna
Gęsta
Wiślana
Lipowa
Metropolitan
Ossolińskich
Europejski
Pomnik Bolesława Prusa
Kościół Sióstr Wizytek
Park
Tokarzewskiego
Radna
Pomnik Ks. Kard. S. Wyszyńskiego
Pałac Tyszkiewiczów-Potockich
Muzeum Uniwersytetu
Uniwersytet
Królewska
Pałac Kazimierzowski
Leszczyńska
Akademia Sztuk Pięknych & Muzea
Muze
Kazimierzowski
Warszawski
Oboźna
Topiel
Drewniana
Pasaż Niżyńskiego
Przedmieście
pl. St. Małachowskiego
R. Traugutta
T. Czackiego
Kościół Św. Krzyża
Sewerynów
Teatr Polski
K. Karasia
Dynasy
Zajęcza
Mazowiecka
Pomnik M. Kopernika
Kopernika
J. Bartosze
Szpital Dziecięcy
Min. Finansów
Dowcip
Cicha
127

A
B
C
1
2
3
4
5
6
Juliusza Słowackiego
Z. Krasińskiego
Plac Wilsona
pl. Słoneczny
Wybrzeże Gdyńskie
E77
7
KS „Spójnia"
RKS „Stal"
Park Żoł. Żywiciela
Komedia
Dzieln. Żoliborz
pl. T. W. Wilsona
Kościół św. Stanisława Kostki
Park im. Żeromskiego
STARY ŻOLIBORZ
Skwer A. Woyciechowskiego
Europejska Akademia Sztuk
Muzeum X Pa
Pomnik Hibnera Kniewskiego Rutkowskiego
Kościół Dzieciątka Jezus
L. Mierosławskiego
Kośc. Św. Jana Kantego
Wojsko Polskie
pl. Gwardii
Brama Stracer
pl. Inwalidów
al. Wojska Polskiego
W. Broniewskiego
pl. Grunwaldzki
Cudnowska
Bitna
CYTADE
Fawory
K. Levittoux
P. Ściegiennego
A. Mickiewicza
J. Zajączka
Józefa Zajączka
Ludwika Rydygiera
Pomnik Żołnierzy AK poległych w ataku na Dw. Gdański
Rafała Krajewskiego
Warszawa Gdańska
Dworzec Gdański
634
Zygmunta Słomińskiego
637
Burakowska
Centrum Handlowe Arkadia
ks. J. Popiełuszki
Szk. Park im. J. Kusocińskiego
Park im. R. Traugutta
Szpital Ginekologiczno-Położniczy
rondo Zgrupowania AK „Radosław" (rondo Babka)
KKS „Polonia"
pomnik Poległych i Pomordowanych na Wschodzie
Gen. Władysława Andersa
Stawki
Muranowska
Konwiktorska
Kośc. św. Karola Boromeusza
Powązkowska
10
Katakumby
Spokojna
Kościół O. Bonifratrów św. Jana Bożego
Technikum Poligraficzne
Al. Jana Pawła II
Okopowa
Kolska
Niska
Miła
Agencja Restrukturyzacji
Muzeum Historii Żydów Polskich
Pomnik Bohaterów Getta
Skwer Willy Brandta
Muz. Adwokatury
Biblioteka Narodowa
Pomnik Powstań Warszawsk
Ogród Krasińskich
Mordechaja Anielewicza
Pomnik Żołnierzy I Armii WP
„Klif"
Pawia
Dzielna
Pomnik Ofiar Pawiaka
Muzeum Więzienia „Pawiak"
Skwer J. Jura-Gorzechowskiego
Komenda Stołeczna Policji
Muzeum Archeologiczne („Arsenał")
Ratusz Arsenał
Kościół św. Augustyna
Kościół Ewangelicko-Reformowany
Opera Kameralna
MURANÓW
Nowolipki
Nowolipie
Smocza
Kościół Narodzenia N.M.P.
Al. Solidarności
Ratusz
Muzeum Malarstwa Europ. im. J. Pawła II
pl. Bankowy
Muz. Żyd. Inst. Histor.
Szpital Ginekologiczno-Położniczy
Urząd Dzielnicy Wola
Sąd Okręgowy
Mazowieckie Centrum Kultury
Sekretariat Episkopatu Polski
Kościół Miłosierdzia Bożego
Żytnia
Kacza
Wolność
Leszno
Elektoralna
Garniz. Klub Oficerski
pl. Mirowski
Hala Mirowska
Hala Gwardii
Atrium Plaza
pl. Żelaznej Bramy
Saski
Ptasia
126

D
E
F
działkowe
Ogr. działk.
Odrowąża
Jagiellońska
Golędzinowska
Fort Śliwickiego-Jasińskiego
GOLĘDZINÓW
Wisła
Warszawa ZOO
rondo S. Starzyńskiego
Stefana Starzyńskiego
634
801
61
637
629
E77
7
PRAGA PÓŁNOC
WOW „Wisła"
Karola Darwina
Jana Miłota
J. Nusbauma
Linneusza
Karola
Józefa Szanajcy
W. Burdzińskiego
Namysłowska
K. Szymanowskiego
Dąbrowszczaków
pl. gen. J. Hallera
Bertolda Brechta
Janusza Groszkowskiego
Wł. Skoczylasa
Nowa Praga
Klinika Praga Północ
T. Borowskiego
11 Listopada
most Gdański
Ogród
Zoologiczny
Kościół Matki Bożej Loretańskiej
Ratuszowa
W. Łukasińskiego
Kameralna
Targowa
Wybrzeże Helskie
Park Praski Żołnierzy 1 Armii W. Polskiego
Dw. Wileński
Wileński
Teatr Baj
Kościół św. Floriana
Floriańska
Urząd Dzieln. Praga Północ
pl. Weteranów 1863 r.
Jasińskiego
Ks. Ignacego Kłopotowskiego
Stefana Okrzei
Wrzesińska
Rainbow Centre
Olszowa
Panieńska
Blaszana
Krowia
USC
STARA PRAGA
Pomnik Kościuszkowców
Port Praski
Komisariat Rzeczny
Przystań Podzamcze
most Śląsko-Dąbrowski
Karowa most (planowany/2019)
Wybrzeże Szczecińskie
Wybrzeże Gdańskie
NOWE MIASTO
STARE MIASTO
Pomnik Nauczycieli
Kościół św. Benona (oo. Redemptorystów)
Park Fontann Multimedialnych
Kościół O. Dominikanów św. Jacka
Barbakan
Muz. Hist.
Rynek Starego Miasta
Muz. Literatury
Archikatedra św. Jana Chrzciciela
Zamek Królewski
pl. Zamkowy
Kolumna Zygmunta III Wazy
Pałac Branickich
MARIENSZTAT
Kościół św. Anny
Kaplica św. Teresy
Bednarska
Krakowskie Przedmieście
Szpital Kliniczny Warszawskiego Uniwersytetu
Dobra
Furmańska
Karowa
Wisłostrada
Pałac Prymasowski
pl. Teatralny
Teatr Wielki-Opera Narodowa
Muzeum Karykatury
Pomnik A. Mickiewicza
Kościół poseminaryjny
Pałac Prezydencki
Pomnik ks. J. Poniatowskiego
Trębacka
Ossolińskich
Bristol
Metropolitan
pl. Marsz. J. Piłsudskiego
Grób Nieznanego Żołnierza
Królewska
Ogród Saski
Galeria Zachęta
pl. Małachowskiego
Pałac Tyszkiewiczów-Potockich
Uniwersytet
Akademia Sztuk Pięknych
Kościół Sióstr Wizytek
Biblioteka UW
Gęsta
Wiślana
Radna
Leszczyńska
Lipowa
Browarna
Kazimierzowski
Drewniana
Zajęcza
Wybrzeże Kościuszkowskie
Centrum Nauki „Kopernik"
Centrum Nauki Kopernik
most Świętokrzyski
Pomnik Syreny
250 m
274 yd
127

123
250 m
274 yd
A
B
C
Ogród
Zoologiczny
NOWE
MIASTO
STARE
MIASTO
MARIENSZTAT
POWIŚL
Wisła
Wybrzeże Helskie
Wybrzeże Gdańskie
Wybrzeże Kościuszkowskie
Wisłostrada
most Śląsko-Dąbrowski
most Gdański
Jagiellońska
Park Praski Żołnierzy 1 Armii W. Polskiego
Klinika Praga Północ
Ratuszowa
Targowa
Dw. Wileński
Barbakan
Rynek Starego Miasta
Rynek Nowego Miasta
Zamek Królewski
pl. Zamkowy
Kolumna Zygmunta III Wazy
Archikatedra św. Jana Chrzciciela
Przystań Podzamcze
Krakowskie Przedmieście
Pałac Prezydencki
Teatr Wielki - Opera Narodowa
plac Teatralny
pl. Marsz. J. Piłsudskiego
Grób Nieznanego Żołnierza
Ogród Saski
Królewska
Uniwersytet Warszawski
Biblioteka UW
Centrum Nauki "Kopernik"
Centrum Nauki Kopernik
Karowa most (planowany/2019)
Szpital Kliniczny Warszawskiego Uniwersytetu
Akademia Sztuk Pięknych
Kościół św. Krzyża
Ministerstwo Finansów
Nowy Świat
Świętokrzyska
Marszałkowska
Muzeum Chopina
Tamka
Warszawa Powiśle
Al. Jerozolimskie
rondo Gen. Ch. de Gaulle
Muzeum Narodowe
Muzeum Wojska Polskiego
Pałac Kultury i Nauki
Centrum
Warszawa Śródmieście
rondo R. Dmowskiego
Galeria Centrum
Filharmonia
pl. Defilad
Książęca
Muzeum Ziemi
Szpital Wojewódzki
pl. Trzech Krzyży
Kościół św. Aleksandra
Ministerstwo Rolnictwa i Rozwoju Wsi
Port Praski
Komisariat Rzeczny
Pomnik Syreny
126
629
631
637
719
E77
61
7

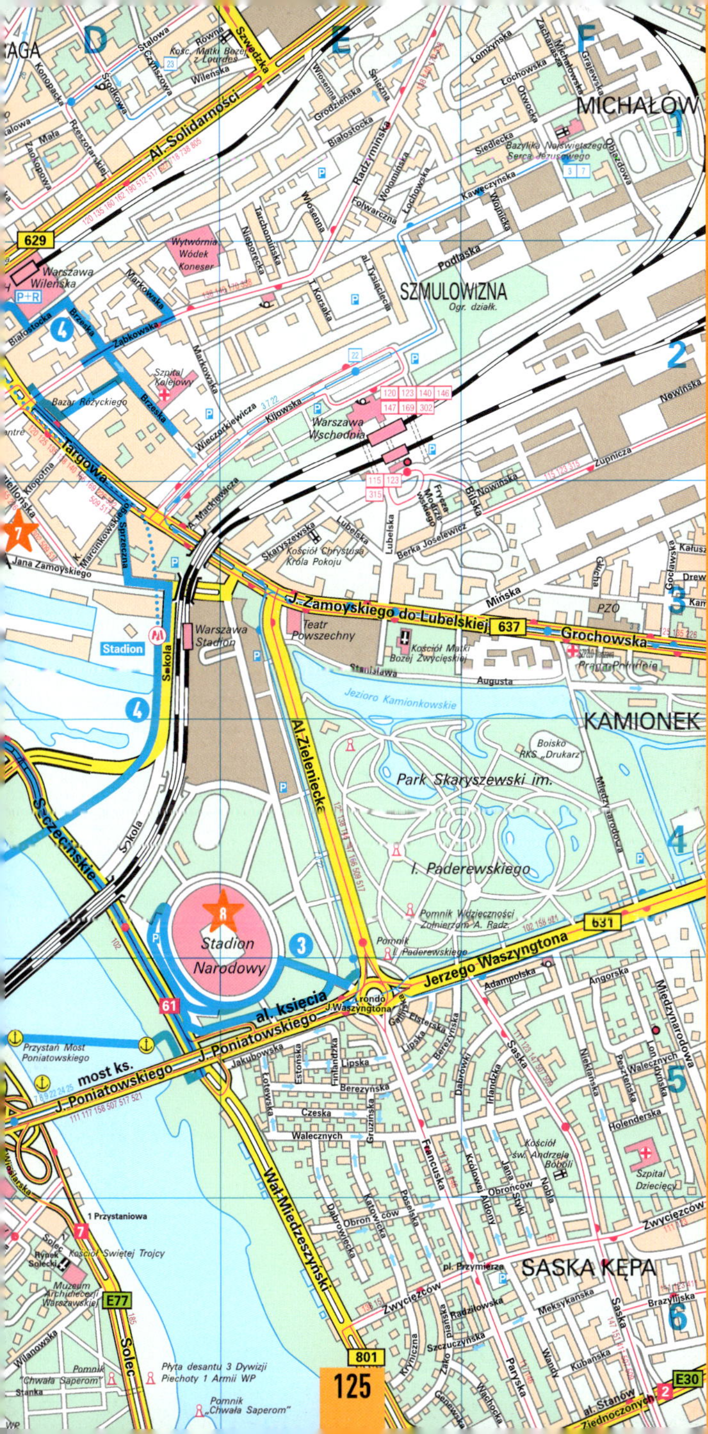

D
E
F
Al. Solidarności
Szwedzka
Wileńska
Stalowa
Równa
Kość. Matki Bożej z Lourdes
Konopacka
Mała
Ziołowa
Środkowa
Czynszowa
Rzeszotarskiej
Grodzieńska
Białostocka
Śnieżna
Radzymińska
Wołomińska
Łochowska
Folwarczna
Włosenna
Łomżyńska
Zachariasza
Michałowska
Grajewska
Otwocka
Siedlecka
MICHAŁÓW
Bazylika Najświętszego Serca Jezusowego
Kawęczyńska
Wojnicka
Objazdowa
Podlaska
629
Warszawa Wileńska
P+R
Wytwórnia Wódek Koneser
Tarchomińska
Nieporęcka
Markowska
Ząbkowska
Brzeska
T. Korsaka
al. Tysiąclecia
SZMULOWIZNA
Ogr. działk.
Szpital Kolejowy
Bazar Różyckiego
Wieczorkiewicza
Kijowska
Warszawa Wschodnia
Newińska
Żupnicza
Targowa
Kłopotowskiego
Jagiellońska
Mackiewicza
Marcinkowskiego
Sprzeczna
Jana Zamoyskiego
Lubelska
Skaryszewska
Kościół Chrystusa Króla Pokoju
Fryderyka Modrzewskiego
Bliska
Nowińska
Berka Joselewicza
Mińska
Gocławska
Kałuska
Grochowska
J. Zamoyskiego do Lubelskiej
637
Teatr Powszechny
Kościół Matki Bożej Zwycięskiej
Warszawa Stadion
Stadion
Sokola
Stanisława
Augusta
Jezioro Kamionkowskie
KAMIONEK
Boisko RKS „Drukarz"
Park Skaryszewski im. I. Paderewskiego
Al. Zieleniecka
Międzynarodowa
Szczecińskie
Pomnik Wdzięczności Żołnierzom A. Radz.
Pomnik I. Paderewskiego
Stadion Narodowy
631
Jerzego Waszyngtona
Adampolska
Angorska
al. księcia J. Poniatowskiego
rondo J. Waszyngtona
61
Przystań Most Poniatowskiego
most ks. J. Poniatowskiego
Jakubowska
Estońska
Finlandzka
Lipska
Berezyńska
Czeska
Walecznych
Saska
Irlandzka
Dąbrówki
Francuska
Londyńska
Peszteńska
Holenderska
Kościół św. Andrzeja Boboli
Szpital Dziecięcy
Obrońców
Nobla
Królowej Aldony
Zwycięzców
Wał Miedzeszyński
1 Przystaniowa
Kościół Świętej Trójcy
Rynek Solecki
Muzeum Archidiecezji Warszawskiej
E77
Solec
Wilanowska
pl. Przymierza
SASKA KĘPA
Meksykańska
Brazylijska
Radziłowska
Szczuczyńska
Paryska
Kubańska
Wandy
al. Stanów Zjednoczonych
E30
801
Pomnik „Chwała Saperom"
Płyta desantu 3 Dywizji Piechoty 1 Armii WP
Stanka

A
B
C
122
1
2
3
4
5
6
MIRÓW
ŚRÓDMIEŚCIE
FILTRY
Ogrodowa
Elektoralna
Kościół św. Karola Boromeusza
Kościół Baptystów
Krochmalna
Żelazna
Grzybowska
Pekao S.A. hotel Hilton
Muzeum Drukarstwa
Muzeum Przemysłu
Łucka
Prosta
Rondo ONZ
Al. Jana Pawła II
Świętokrzyska
Marszałkowska
Królewska
Synagoga Nożyka
pl. Grzybowski
Teatr Żydowski
Pomnik Czynu Chłopskiego
Saski Business Park
pl. Żelaznej Bramy
Hala Mirowska
Atrium Plaza
pl. Mirowski
Hala Gwardii
Graniczna
Muz. Numizmatyczne
Pereca
Pańska
Śliska
Sienna
Złota
Chmielna
Twarda
Emilii Plater
Pałac Kultury i Nauki
Muzeum Techniki
Teatr Dramatyczny
Teatr Lalka
Teatr Studio
pl. Defilad
Muzeum Ewolucji PAN
Warsaw Towers
Holiday Inn
Złota 44
Złote Tarasy
Warszawa Centralna
Warszawa Śródmieście
Warszawa Śródmieście WKD
Centrum
Galeria Centrum
Sienna Center
Centrum Jupiter
Muzeum Woli
Srebrna
Platynowa
Al. Jerozolimskie
Warszawa Ochota
pl. Artura Zawiszy
Nowogrodzka
Centrum LIM Marriott
FIM Tower
Pasaż Braci Łopieńskich
Intraco II
Kościół św. Barbary
Kościół Dzieciątka Jezus
Szpital Kliniczny AM
Klinika Dermatolog. AM
Wojciecha Oczki
Koszykowa
Skwer A. Grotowskiego
T. Chałubińskiego
Wspólna
Hoża
Wilcza
Piękna
Poznańska
Klinika WAM
Skwer bat. AK „Golski"
Politechnika Warszawska
Muzeum Politechniki
S. Noakowskiego
Lwowska
Śniadeckich
pl. Politechniki
Nowowiejska
Polna
Filtrowa
Raszyńska
al. Niepodległości
Ludwika Krzywickiego
Trybunalska
Sędziowska
Lekarska
Rektorska
Politechnika
Al. Armii Ludowej
Wawelska
Trasa Łazienkowska
E30
2
631
634
Pomnik Lotnika
BKS „Skra"
Ogr. działk.
Główny Urząd Statystyczny
Pomnik 1000-lecia Jazdy Polskiej
Rosarium
Park im. Józefa Piłsudskiego
Biblioteka Narodowa
Leszowa
Finska
Pole Mokotowskie
Camping „Gromada"
Rokitnicka
Żwirki i Wigury
Teatr Akt
Stefana Batorego
Juliana Bruna
Pole Mokotowskie
Szkoła Główna Handlowa
Muzeum Geologiczne
SGGW-Akad. Rolni.
Rakowiecka
Józefa i Jana Rostafińskich
Karola Chodkiewicza
Ogródki działkowe
Wiśniowa
Kazimierzowska

124
127
Stadion Narodowy
Centrum Nauki Kopernik
Kościół św. Teresy od Dzieciątka Jezus
Dom Nauczyciela
Przystań Most Poniatowskiego
most ks. J. Poniatowskiego
250 m
274 yd
Wisła
Muzeum Chopina
Akademia Muzyczna
Klasztor ss. Miłosierdzia
Kaplica Sióstr Szarytek św. Kazimierza Królewicza
Szpital Śródmiejski
Teatr Ateneum
Kaplica Adwentystów Dnia Siódmego
Teatr Sabat
Warszawa Powiśle
al. 3 Maja
Muzeum Azji i Pacyfiku
POWIŚLE
Al. Jerozolimskie
Nowy Świat
Muzeum Wojska Polskiego
Muzeum Narodowe
Pomnik E. Orzeszkowej
Centrum Bankowo-Finansowe
Centrum Giełdowe S.A.
Kościół Świętej Trójcy
Rynek Solecki
Muzeum Archidiecezji Warszawskiej
Solec
Książęca
Instytut Głuchoniemych
Kościół św. Aleksandra
pl. Trzech Krzyży
Muzeum Ziemi
Szpital Wojewódzki
Płyta desantu 3 Dywizji Piechoty 1 Armii WP
Pomnik "Chwała Saperom"
Pomnik Powstańców Czerniakowa 1 żołnierzy 1 armii WP
Teatr Buffo
Park marsz. Edwarda Śmigłego-Rydza
Czerniakowska
Kościół Matki Bożej Częstochowskiej
Sejm
Bibl. Sejmowa Wyda. Muzealitów
Górnośląska
Fabryczna
Piękna
Al. Ujazdowskie
Mokotowska
Park Ujazdowski
Dolina Szwajcarska
UJAZDÓW
Kościół Rodziny Rodzin Matki Bożej Jasnogórskiej
Torwar
Łazienkowska
Stadion im. Marsz. J. Piłsudskiego (Legia Warszawa)
Al. Armii Ludowej
Szk. Ośr. Sport. "Agrykola"
Zamek Ujazdowski
Kanał Piaseczyński
Janusza Kusocińskiego
pl. Na Rozdrożu
Agrykola
Ogród Botaniczny
Obserw. Astronom.
Pomnik Króla Jana III Sobieskiego
Stara Koregarda
Stara Pomarańczarnia
Pomnik P. Wysockiego
Pałac Myślewicki
Muzeum Łowiectwa i Jeździectwa
29 Listopada
Biały Dom
Pałac Łazienkowski
Park Łazienkowski
Pomnik Fr. Chopina
Staw Belwederski
Teatr na Wyspie
Stawy Łazienkowskie
Nowa Pomarańczarnia
Belweder
Belwederska
Muzeum Walki i Męcz.
Ministry of Foreign Affairs
Teatr Syrena
Marszałkowska
Al. J. Szucha
pl. Unii Lubelskiej
Bagatela
Skwer T. Szewczenki
Goworka
Puławska
Spacerowa
Instytut Hematologii
Kościół Św. Józefa Oblubieńca N.M.P.
Podchorążych
Badowska
SIELCE
Jurija Gagarina
Katedra Polskokatolicka
Szwoleżerów
Kawalerii
E77

A
B
C
1
2
3
4
5
6
Rzewin
Wola-
-Folwark
-Dłużniewska
Kępa
Wodzyńska
Stare
Zawady
Gościmin
Wielki
Jurzyn
Kondrajec
Sarbiewo
Smardzewo
Rzy
Karolinowo
Wyrzyki
-Cieszkowo
Nowe-
Stare-
Galomin
E77
Baboszewo
Krościn
Szymaki
Sochocin
Wkra
Kuchary
Żydowskie
Wólka
Szczawińska
Klukówek
Klukowo
Nowe
Sokolniki
Jarocin
Słoszewo
Milewo
Biele
Kadłubówka
Szczawin
Bolęcin
Idzikowice
Nowe Miasto
Latonice
Bruliny
Gołębie
Arcelin
Zbyszno
Ćwiklin
Cieciórki
Szeromin
Szpondowo
632
Pruszkowo
Królewo
Miszewo B
Świerkowo
Szerominek
Poświętne
Drożdżyn
Dzierzążnia
Strachowo
Rostki
Nowa
Dzierzążnia
Gumowo
10
Płońsk
Siedlin
Dalanówko
Słepowrony
Krajęczyn
Grabie
Gawłowo
Ilinko
Skarżyn
Sobokleszcz
Joniec
Lisewo
Nowe
Sarnowo
Wilamowice
Bońki
Pilitowo
Cempkowo
Osiek
Popielżyn-
-Zawady
Andzin
Konary
Stare-
Nowe-
Morgi
Jeżewo
Nowe-
-Gumino
Skrzynki
Kucice
Stare-
Wrońska
Nowe
Proboszczewice
Ciekszyn
Czajki
Radzyminek
Radzymin
Postróże
Szczytno
Dobra Wola
571
Stara-
-Wrona
Borkowo
Trosk
Wichorowo
Przyborowice-
-Górne
Karolinowo
Skwary
Słotwin
-Dolne
Michałówek
Nowa-
Zaborowo-
-II
-I
Kozarzewo
570
Krysk
-Nowe
25
Wola
Błędowska
Błędowo
Zaborze
Naruszewo
Drochowo
Olszyny-
-Stare
Strożewo
Koryciska
Potyry
Nacpolsk
Rąbież
Załuski
Śniadowo
Śniadówek
Gołławice
Żukowo
Strzembowo
Naborowo
Naborowiec
Smoły
Dolina
Wkry
Kosewko
Brody
Parcele
50
Sobanice
Srebrna
Januszewo
Kamienica
Kroczewo
Wymysły
Pomiechówek
Kosewo
Radzikowo
Nieborzyn
Pieścidła
Złotopolice
Strubiny
Port Lotniczy
Warszawa-Modlin
Kobylniki
Raszewo
Włościańskie
Kuchary
-Nowe
Karnkowo
-Trębki
Nowe-
Bronisławka
Boguszyn Nowy
Przybójewo-
-Stare
Stare-
Modlin
Twierdza
NOWY DWÓR
MAZOWIECKI
Gawarzec
Górny
Garwolewo
Komsin
Goławin
Smoszewo
Wólka
Smoszewska
Zakroczym
S7
85
Parlin
Chociszewo
Goworowo
62
Miączynek
Nowa Wieś
przy Drodze
E77
565
Miączyn
Wychódźc
Nowe Grochale
Bolino
Czerwińsk
nad Wisłą
Sielec
Zarębin
Wisła
Michałów
899
579
Dębina
Czosnów
Kościół romański
Wilków Polski
575
Leoncin
98
Secymin
Polski
Nowy Wilków
Cybulice-
-Małe
-Duże
Augustówek
Kaliszki
Kromnów
Nowiny
Stare Polesie
Adamówek
Sowia Wola
Dąbrówka
Witkowice
Bzura
Miszory
Stara-
Cmentarz Palmiry
Tułowice
Kampinoski
-Dąbrowa
Janów
Famułki
Królewskie
Górki
Nowa-
Park
Wiersze
Truskawka
Brochów
Kanał Łasica
Narodowy
Zamość
Roztoka
705
Wólka
Smolana
Famułki
Brochowskie
Łubiec
Buda
Konary
Mariew
Juliopol
Granica
Józefów
Kępiaste
Wólka
Piecewice
Helenka
Żuków
Mokas
Łazy
Komorów
Powązki
Zaborówek
Wiktorów
Gawłów
Żelazowa
Wola
Strzyżew
Wola
Pasikońska
Kampinos
Grądy
580
Leszno
Zaborów
580
Szczytno
Wiejca
Czarnów
Myszczyn
Borzęcin
Duży
Rozlazłów
Orły-Cesin
Muzeum
F. Chopina
Utrata
Podkampinos
Gawartowa
Wola
888
718
Kąty
SOCHACZEW
Janaszówek
Stare
Gnatowice
Pawłowice
579
Białuty
Łaźniew
Pogroszew
Muzeum Kolei
Wąskotorowej
Paprotnia
Maszna
Górna Wieś
Radzików
Święcice
Topołowa
Granice
Wola
Łuszczewska
Pass
Błonie
Kopytów
700
Płochocin
Janówek
Kazimierów
Nowa
Piasecznica
Niepokalanów
92
Bramki
Witanów
Rokitno-
-Majątek
720
700
701
Józefów
Rokotów
Sielice
Teresin
Dębówka
Boża
Wola
Czubin
Kornelin
Mikołajew
Elżbietów
Kaski-
-Centralne
Ludwików
Bieniewice
Stare
Faszczyce
Żukówka
Moszna
Białynin
Stary
Pisia
Budki
Biskupice
Kawęczyn
Regów
Karolina
Radonice
720
Kotowice
PRUSZKÓW
Wikcinek
Szymanów
Cegłów
Kłudno-
-Nowe
-Stare
Tłuste
Żuków
94
Strumiany
Wyczółki
Osiny
Izdebno
Kościelne
Zabłotnia
Tłuste
Brwinów
Brwinów
Kościelna
Góra
Aleksandrów
Maurycew
Skrzelew
Drybus
Stanisławów
E30
Natolin
Milanówek
Kurdwanów
Czerwona
Niwa
50
Nowy Oryszew
Baranów
Nowy-
-Drzewicz
20
GRODZISK
MAZOWIECKI
Podkowa Leśna
Glinki
Różanów
Guzów
34
Stary-
A2
Kopiska
Chyliczki
Kady
Żółwin
Wola
Szydło-
wiecka
Miedniewice
Stare
Wiskitki
Wiskitki
Wiskitki
Nowe
-Kozłowice
Stare-
Budy-
-Zosine
Jaktorów
Kozerki
Odrano-Wola
Opypy
Kałęczyn
Chylice
719
Stara Wieś
Książenice
Morgi
Janinów
Adamowizna
A2

D
E
F
5 km
3.21 mi
1
2
3
4
5
6
Długi Rynek
POPŁAWY
Kosiorowo
Skórznice
Stare Lipniki
Gąsiorowo
Strzegocin
Nowe-
Stare-
-Bulkowo
Płocochowo
Bielany
Gnaty-
Wieśniany
Winniczka
Goladkowo
Winnica
Zbroszki
Chmielewo
Kacice
-Włościańskie
Niestępowo-
Koziegłowy
-Nowe
Łubienica
Grabowiec
Nadbużański
Park
Krajobrazowy
Borsuki
Nowe
Wielgolas
Sadykierz
Topolnica
Lutobrok
Pniewo
-Folwark
Nowe Wielątki
Wielątki-
-Rosochate
Komorowo
Lemany
Cieńsza
Drwały
Wypychy
Nowe
Wola
Mystkowska
Mierzęcin
Skorki
Olszanka
Ostrowy
Zatory
Wiktoryn
Ciski
Zdziebórz
Wólka
Somiankowska
Przyłubie
Suwin
Stare Płudy
Celinowo
Somianka
Wielęcin
Wólka
Zatorska
Pogorzelec
Dzierżenin
Gąsiorowo
Łacha
Popowo
Kościelne
Jackowo-
-Górne
-Dolne
Jasieniec
Janki
Barcice
Ślężany
Bug
Nowa Kania
Czarnów
Kowalicha
Marianów
Dręszew
Kuligów
Józefów
Skorosze
Piaronowo-Daczki
Glinice
Wielkie
Domosław
Pokrzywnica
Obrębek
Strzyże
Nasielsk
Krzyczki-
Żabiczki
Mieszki-
Kuligi
Piskórnia
Dzbanice
Trzepowo
Błędostowo
Smogorzewo
Chrcynno
-Północ
Ciepielin
Budy
Ciepielińskie
Pobyłkowo
Małe
Powielin
Jaskółowo
Popowo-
-Borowe
Zabłocie
Żabiczyn
Nuna
Wola
Smolana
Stanisławowo
Marynino
Wierzbica
Serock
Szadki
Dębe
Jachranka
Stare
Orzechowo
Narew
Zegrzynek
Borowa
Góra
Rynia
Jadwisin
Zegrze
Zegrze Pd.
Wąwóz
Szaniawskiego
Białobrzegi
J. Zegrzyńskie
Poddębe
Skrzeszew
Kałuszyn
Krubin
Nowa
Olszewnica-
-Stara
Wieliszew
Łajski
Nieporęt
Michałów-
-Reginów
Stare-
-Załubice
Nowe-
Kołaków
Dąbrówka
Łasków
Karpin
Małopole
Trojany
Ruda
Guzowatka
Łosie
Zawady
Chajęty
Rządza
Beniaminów
Mokre
Zwierzyniec
Wola
Rasztowska
Radzymin
Wólka
Radzymińska
Ciołków
Cegielnia
LEGIONOWO
Kąty
Węgierskie
Izabelin
Słupno
Ciemne
Rembelszczyzna
Dobczyn
Zagościniec
Pieńków
Jabłonna
Zespół pałacowo-parkowy
Nowy
Dziekanów-
Kiełpin
Wisła
CHOSZCZÓWKA
Kanał Żerański
Nadma
Duczki
WOŁOMIN
Leśny
Łomianki
Marki
Kobyłka
Majdan
HENRYKÓW
Ossów
Sieraków
Izabelin
Laski
ŻERAŃ
Zielonka
Mościska
Ząbki
Okuniew
Lipków
Stare
Babice
Kwirynów
Bazylika
Archikatedralna
Zamek Królewski
Stadion
Narodowy
Olszynka
Grochowska
Sulejówek
Teatr Wielki
Blizne
Narodowe Muzeum
Hipolitów
Macierzysz
Pałac
Kultury
i Nauki
Łazienki
Mazowiecki
Konik Nowy
Izabela
Bronisze
URSUS
Konotopa
WARSZAWA
Majdan
Góraszka
Boryszew
Port lotniczy
Warszawa
Piastów
Michałowice
Wiązowna
Krajobrazowy
Zanęcin
Duchnice
Pecice
Raszyn
Rybie
URSYNÓW
Pałac Wilanowski
Rezerwat
Świder
Komorów
Jaworowa
Falenty
Dawidy
KĘPA
ZAWADOWSKA
Józefów
OTWOCK
Granica
Sokołów
Janki
POWSIN
Strzeniówka
Wolica
Łady
Laszczki
Bielawa
Opacz
Ciszyca
Stary
Sękocin-
-Las
Zgorzała
Mysiadło
KIERSZEK
Habdzin
Nowa Wola
Nowa
Iwiczna
Czernidła
Kajetany
Lesznowola
Chyliczki
Konstancin-
-Jeziorna
Karczew
Stara Wieś
Łazy
Magdalenka
PIASECZNO
Gassy
Rusiec
Walendów
Wilcza Góra
Janów
Bobrowiec
Nadbrzeż
Wólka
Kosowska
Wola

Das Register enthält eine Auswahl der im Cityatlas dargestellten Straßen und Plätze

Droga o czterech pasach ruchu Vierspurige Straße	Road with four lanes Route à quatre voies
Droga przelotowa Durchgangsstraße	Thoroughfare Route de transit
Droga główna Hauptstraße	Main road Route principale
Drogi inne Sonstige Straßen	Other roads Autres routes
Jlica jednokierunkowa - Strefa ruchu pieszego Einbahnstraße - Fußgängerzone	One-way street - Pedestrian zone Rue à sens unique - Zone piétonne
Informacja - Parking Information - Parkplatz	Information - Parking place Information - Parking
Kolej główna z dworcami Hauptbahn mit Bahnhof	Main railway with station Chemin de fer principal avec gare
Kolej drugorzędna Sonstige Bahn	Other railway Autre ligne
Metro U-Bahn	Underground Métro
Metro w budowie/projektowany U-Bahn in Bau/in Planung	Underground under construction/projected Métro en construction/en projet
Linia autobusowa - Linia tramwajowa Buslinie - Straßenbahn	Bus-route - Tramway Ligne d'autobus - Tramway
ościół zabytkowy - Pozostały kościół - Synagoga ehenswerte Kirche - Sonstige Kirche - Synagoge	Church of interest - Other church - Synagogue Église remarquable - Autre église - Synagogue
Pomnik - Camping Denkmal - Campingplatz	Monument - Camping site Monument - Terrain de camping
Komisariat - Poczta Polizeistation - Postamt	Police station - Post office Poste de police - Bureau de poste
Szpital - Schronisko młodzieżowe Krankenhaus - Jugendherberge	Hospital - Youth hostel Hôpital - Auberge de jeunesse
bszar zabudowany, budynek użyteczności publicznej Bebaute Fläche, öffentliches Gebäude	Built-up area, public building Zone bâtie, bâtiment public
Obszar przemysłowy - Park, las Industriegelände - Park, Wald	Industrial area - Park, forest Zone industrielle - Parc, bois
Cmentarz chrześcijański - Cmentarz żydowski Christlicher Friedhof - Jüdischer Friedhof	Christian cemetery - Jewish cemetery Cimetière chrétien - Cimetière juif
MARCO POLO Odkrywcza podróże 1 MARCO POLO Erlebnistour 1	MARCO POLO Discovery Tour 1 MARCO POLO Tour d'aventure 1
MARCO POLO Odkrywcze podróże MARCO POLO Erlebnistouren	MARCO POLO Discovery Tours MARCO POLO Tours d'aventure
MARCO POLO Highlight	MARCO POLO Highlight

FÜR IHRE NÄCHSTE REISE ...

ALLE **MARCO POLO** REISEFÜHRER

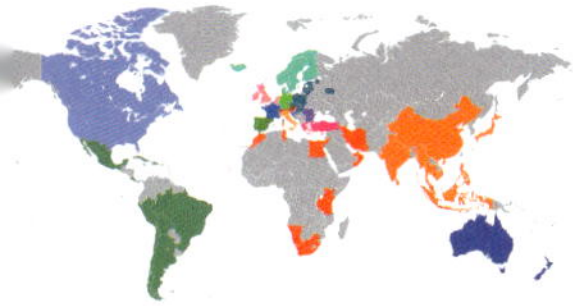

DEUTSCHLAND
- Allgäu
- Bayerischer Wald
- Berlin
- Bodensee
- Chiemgau/Berchtesgadener Land
- Dresden/Sächsische Schweiz
- Düsseldorf
- Eifel
- Erzgebirge/Vogtland
- Föhr & Amrum
- Franken
- Frankfurt
- Hamburg
- Harz
- Heidelberg
- Köln
- Lausitz/Spreewald/Zittauer Gebirge
- Leipzig
- Lüneburger Heide/Wendland
- Mecklenburgische Seenplatte
- Mosel
- München
- Nordseeküste Schleswig-Holstein
- Oberbayern
- Ostfriesische Inseln
- Ostfriesland/Nordseeküste Niedersachsen/Helgoland
- Ostseeküste Mecklenburg-Vorpommern
- Ostseeküste Schleswig-Holstein
- Pfalz
- Potsdam
- Rheingau/Wiesbaden
- Rügen/Hiddensee/Stralsund
- Ruhrgebiet
- Schwarzwald
- Stuttgart
- Sylt
- Thüringen
- Usedom/Greifswald
- Weimar

ÖSTERREICH SCHWEIZ
- Kärnten
- Österreich
- Salzburger Land
- Schweiz
- Steiermark
- Tessin
- Tirol
- Wien
- Zürich

FRANKREICH
- Bretagne
- Burgund
- Côte d'Azur/Monaco
- Elsass
- Frankreich
- Französische Atlantikküste
- Korsika
- Languedoc-Roussillon
- Loire-Tal
- Nizza/Antibes/Cannes/Monaco
- Normandie
- Paris
- Provence

ITALIEN MALTA
- Apulien
- Dolomiten
- Elba/Toskanischer Archipel
- Emilia-Romagna
- Florenz
- Gardasee
- Golf von Neapel
- Ischia
- Italien
- Italienische Adria
- Italien Nord
- Italien Süd
- Kalabrien
- Ligurien/Cinque Terre
- Mailand/Lombardei
- Malta & Gozo
- Oberital. Seen
- Piemont/Turin
- Rom
- Sardinien
- Sizilien/Liparische Inseln
- Südtirol
- Toskana
- Venedig
- Venetien & Friaul

SPANIEN PORTUGAL
- Algarve
- Andalusien
- Azoren
- Barcelona
- Baskenland/Bilbao
- Costa Blanca
- Costa Brava
- Costa del Sol/Granada
- Fuerteventura
- Gran Canaria
- Ibiza/Formentera
- Jakobsweg Spanien
- La Gomera/El Hierro
- Lanzarote
- La Palma
- Lissabon
- Madeira
- Madrid
- Mallorca
- Menorca
- Portugal
- Spanien
- Teneriffa

NORDEUROPA
- Bornholm
- Dänemark
- Finnland
- Island
- Kopenhagen
- Norwegen
- Oslo
- Schweden
- Stockholm
- Südschweden

WESTEUROPA BENELUX
- Amsterdam
- Brüssel
- Cornwall & Devon
- Dublin
- Edinburgh
- England
- Flandern
- Irland
- Kanalinseln
- London
- Luxemburg
- Niederlande
- Niederländische Küste
- Oxford
- Schottland
- Südengland

OSTEUROPA
- Baltikum
- Budapest
- Danzig
- Krakau
- Masurische Seen
- Moskau
- Plattensee
- Polen
- Polnische Ostseeküste/Danzig
- Prag
- Slowakei
- St. Petersburg
- Tallinn
- Tschechien
- Ungarn
- Warschau

SÜDOSTEUROPA
- Bulgarien
- Bulgarische Schwarzmeerküste
- Kroatische Küste Dalmatien
- Kroatische Küste Istrien/Kvarner
- Montenegro
- Rumänien
- Slowenien

GRIECHENLAND TÜRKEI ZYPERN
- Athen
- Chalkidikí/Thessaloníki
- Griechenland Festland
- Griechische Inseln/Ägäis
- Istanbul
- Korfu
- Kos
- Kreta
- Peloponnes
- Rhodos
- Sámos
- Santorin
- Türkei
- Türkische Südküste
- Türkische Westküste
- Zákinthos/Itháki/Kefalloniá/Léfkas
- Zypern

NORDAMERIKA
- Chicago und die Großen Seen
- Florida
- Hawai'i
- Kalifornien
- Kanada
- Kanada Ost
- Kanada West
- Las Vegas
- Los Angeles
- New York
- San Francisco
- USA
- USA Ost
- USA Südstaaten/New Orleans
- USA Südwest
- USA West
- Washington D.C.

MITTEL- UND SÜDAMERIKA
- Argentinien
- Brasilien
- Chile
- Costa Rica
- Dominikanische Republik
- Jamaika
- Karibik/Große Antillen
- Karibik/Kleine Antillen
- Kuba
- Mexiko
- Peru & Bolivien
- Yucatán

AFRIKA UND VORDERER ORIENT
- Ägypten
- Djerba/Südtunesien
- Dubai
- Iran
- Israel
- Jordanien
- Kapstadt/Wine Lands/Garden Route
- Kapverdische Inseln
- Kenia
- Marokko
- Marrakesch
- Namibia
- Oman
- Rotes Meer & Sinai
- Südafrika
- Tansania/Sansibar
- Tunesien
- Vereinigte Arabische Emirate

ASIEN
- Bali/Lombok/Gilis
- Bangkok
- China
- Hongkong/Macau
- Indien
- Indien/Der Süden
- Japan
- Kambodscha
- Ko Samui/Ko Phangan
- Krabi/Ko Phi Phi/Ko Lanta/Ko Jum
- Malaysia
- Myanmar
- Nepal
- Peking
- Philippinen
- Phuket
- Shanghai
- Singapur
- Sri Lanka
- Thailand
- Tokio
- Vietnam

INDISCHER OZEAN UND PAZIFIK
- Australien
- Malediven
- Mauritius
- Neuseeland
- Seychellen

Viele MARCO POLO Reiseführer gibt es auch als eBook – und es kommen ständig neue dazu!
Checken Sie das aktuelle Angebot auf: www.marcopolo.de/e-books

REGISTER

In diesem Register finden Sie alle Sehenswürdigkeiten, Museen sowie wichtige Personen. Gefettete Seitenzahlen verweisen auf den Haupteintrag.

SCHREIBEN SIE UNS!

Egal, was Ihnen Tolles im Urlaub begegnet oder Ihnen auf der Seele brennt, lassen Sie es uns wissen! Ob Lob, Kritik oder Ihr ganz persönlicher Tipp – die MARCO POLO Redaktion freut sich auf Ihre Infos.
Wir setzen alles dran, Ihnen möglichst aktuelle Informationen mit auf die Reise zu geben. Dennoch schleichen sich manchmal Fehler ein – trotz gründlicher Recherche unserer Autoren/innen. Sie haben sicherlich Verständnis, dass der Verlag dafür keine Haftung übernehmen kann.

MARCO POLO Redaktion
MAIRDUMONT
Postfach 31 51
73751 Ostfildern
info@marcopolo.de

IMPRESSUM
Warschau, Straße in Stare Miasto (Laif/Loop Images: A. Stowe)
Fotos: R. Freyer (Klappe r., 33, 84, 106 o., 106 u.); Getty Images: L. Lister (67), S. Rfferty (63); Getty Images/Lumi Images: D. Secen (3); huber-images: M. Rellini (12/13, 118/119), Schmid (10, 40, 68/69), R. Schmid (34/35); huber-images/Picture Finders (36); © iStockphoto/36clicks (19 o.); M. Kaupat (1 u.); Laif: P. Hirth (43, 72, 76), Schwelle (4 u., 60, 74/75); Laif/hemis.fr: M. Borgese (4 o., 26/27), B. Gardel (17, 20/21, 39), J.-D. Sudres (66 r.); Laif/Loop Images: A. Stowe (1 o., 82/83); Laif/TOP (66 l.); Look: Fleisher (46); mauritius images: A. Cwalina (6, 56, 70), M. Gospodarek (5, 90/91), H. T. Kaiser (96); mauritius images//People/Alamy: P. Forsberg (14/15); mauritius images/age: P. Widmann (80); mauritius images/age/PATSTOCK (103); mauritius images/Alamy (7, 102), P. Brown (51), M. Dobas (24/25), V. Dorosz (48), P. Forsberg (18 o.), E. Gerald (65), H. Kotowski (88, 105), S. May (58/59), B. Moore (87), W. Skrypczak (30, 102/103), R. Sowersby (18 u.), L. Vallecillos (52), G. Wrona (18 M.); mauritius images/Clearview/Alamy (55); mauritius images/Cultura: Henglein and Steets (2); mauritius images/imagebroker: M. Wolf (45); mauritius images/Prisma: Etienne (Klappe l.); mauritius images/robertharding: K. Dadfar (9); mauritius images/wanderluster/Alamy (79, 100); mauritius images/Westend61: K. Synnatzschke (11); mauritius images/Zoonar/Alamy (22); Transit-Archiv: Hirth (8, 104/105, 107); Twożywo (19 u.); Visum/Panos Pictures (104)

6., aktualisierte Auflage 2019

Autor: Mirko Kaupat; Redaktion: Jens Bey
Bildredaktion: Stefanie Wiese
Im Trend: Mirko Kaupat, wunder media, München
Kartografie Reiseatlas: © MAIRDUMONT, Ostfildern; Kartografie Faltkarte: © MAIRDUMONT, Ostfildern
Gestaltung Cover, S. 1, Faltkartencover: Karl Anders – Studio für Brand Profiling, Hamburg; Gestaltung innen: milchhof:atelier, Berlin; Gestaltung S. 2/ 3, Erlebnistouren: Susan Chaaban, Dipl.-Des. (FH)
Sprachführer: in Zusammenarbeit mit Ernst Klett Sprachen GmbH, Stuttgart, Redaktion PONS Wörterbücher

Printed in Italy

BLOSS NICHT

Auch in Warschau gibt es Dinge, die Sie lieber nicht tun sollten

ALKOHOL IM FREIEN TRINKEN

Romantisch auf der Stadtmauer sitzend ein Fläschchen trinken? Das ist in Polen verboten. Die vielen Polizisten und die Stadtwache *(straż miejska)* kassieren umgehend 100 Zł. Strafe. Einzige Chance: sich als unwissender Ausländer herausreden. Eine Ausnahme macht Warschau seit 2018 entlang der Weichselboulevards. Hier dürfen Sie jetzt genüsslich an Ihrem Open-Air-Bier nippen.

TAXI OHNE TELEFONNUMMER AUF DEM DACH NEHMEN

Leider ist die Stadt der unseriösen Taxifahrer noch nicht Herr geworden. Zwar sind inzwischen Fiskalkassen in Taxis Pflicht, und der Fahrgast muss den Taxameter sehen können. Aber an Bahnhöfen stehen oft sogenannte Personentransporte *(przewóz osób)*, die nicht immer, aber oft Wucherpreise nehmen. Generell gilt: nur Taxis mit Telefonnummer auf dem Dach nehmen.

TICKETS IN BUS UND BAHN KAUFEN

Die meisten durch die Hauptstadt brummenden Busse und Trams haben bereits Fahrkarten-Automaten an Bord. Doch einige akzeptieren nur Kartenzahlung, andere wiederum nur Münzen. Einige geben richtige Tickets aus, andere nur dünnes Papier, mit dem man wiederum schlecht durch die Schranke am Eingang der Metro kommt. Decken Sie sich lieber an einem der mehrsprachigen großen Automaten ein, die an sehr vielen Haltestellen zu finden sind.

SORGLOS ÜBER DEN ZEBRASTREIFEN GEHEN

Fußgänger leben in Polen, aber besonders in Warschau gefährlich. Halten vor dem Zebrastreifen gleicht einem Gnadenakt. Fußgänger warten in der Regel so lange, bis eine Lücke im Fahrzeugstrom entsteht. Am besten vorsichtig, aber entschlossen die Straße betreten und die Autos zum Halten zwingen. Und: Radler müssen absteigen und schieben, wenn es neben dem Zebrastreifen auf der Fahrbahn keine eindeutige Spur für sie gibt

QUITTUNG FÜR KARTENZAHLUNG VERGESSEN

In Warschau wie in ganz Polen ist Kartenzahlung ungemein beliebt, selbst Kaffeeverkäufer auf der Straße haben oft ein Terminal – auch, weil ständig Wechselgeld fehlt. Die Menschen lieben das kontaktlose Bezahlen („PayPass" etc.). Oft bekommen Sie aber nur den Kassenzettel und nicht den Zahlungsbeleg für die Kredit- oder EC-Karte ausgehändigt oder Sie werden gefragt, ob Sie ihn haben wollen. Damit Sie den Überblick über Ihre Finanzen behalten und um etwaigen Missbrauch zu verhindern, im Zweifelsfall also immer nach der Quittung verlangen.